COLECCIÓN
Centinela

ROBERT WALL NEWHOUSE

LOS SIETE
RAYOS DE PODER

Plutón
Ediciones

© Plutón Ediciones X, s. l., 2024

Diseño de cubierta y maquetación: Saul Rojas Blonval

Edita: Plutón Ediciones X, s. l.,

E-mail: contacto@plutonediciones.com
http://www.plutonediciones.com

I.S.B.N: 978-84-10233-68-3
Depósito Legal: B-16582-2024

Impreso en España / Printed in Spain

A todos aquellos
que se atrevan a
romper moldes
y cascarones
con la Luz de su ser.

Prólogo:
El Poder que llevamos dentro

Somos seres de luz,
somos seres de energía,
estrellas lejanas
transformadas en vida,
verdaderos Rayos de Poder.

Robert Wall Newhouse

Desde que leí *Diálogos Astrológicos* del maestro Robert Wall Newhouse, allá por los años ochenta del pasado siglo XX, me sorprendió la calidad y la frescura de un texto que hablaba con toda naturalidad de las mal llamadas ciencias ocultas, pues a decir del profesor Robert, de ocultas no tienen nada, pues las verdaderas ciencias ocultas de nuestros días son la química de nano partículas, la física cuántica y las matemáticas avanzadas, e incluso la programación informática, que llegan hasta nosotros en forma de artículo periodístico o de revista especializada, sin decirnos realmente nada, como si fueran dogmas de fe que la gente común y corriente no podemos realmente comprender.

En este sentido, las ciencias esotéricas son mucho más fáciles de entender, aprender, practicar y ver si funcionan o si no funcionan, que las ciencias exactas.

La astronomía que nos llega a través de fotografías es muy hermosa e interesante, pero en realidad no nos dice nada, solo que hay luces en el espacio sideral que pueden ser una u otra cosa, o lo que nos digan los científicos, hasta que nos digan otra cosa o lo contrario.

Los agujeros negros, decía mi maestro de física en la universidad, el señor Esponda, ni son agujeros ni son negros, y todo lo que se diga de ellos puede ser verdad, o una barrabasada especulativa. Lo mismo decía del Big Bang, cuya propuesta, además de ser teocrática, era una grosería que atentaba contra la más sencilla de las inteligencias; o de la supuesta forma del universo; o de la velocidad de la luz; y de otros tantos temas de los que se hablaba en Física, sin llegar a ser ni siquiera teorías o hipótesis válidas, pues eran simples especulaciones de nuestra inmensa ignorancia con respecto a eso que llamamos Cosmos.

Con el tiempo descubrí que Esponda tenía razón, y que el universo y las famosas leyes de la Física no era lo que parecían.

La Astrología, nos decía el maestro Robert, es una ciencia social de observación que utiliza números y cálculos para hacer una Carta Astral, pero ni es oculta ni mágica cuando acierta de pleno cuando dice que la mayoría de las mujeres Leo sufrirán a lo largo de su vida la extirpación de su vesícula biliar, como la han venido padeciendo desde el principio de los tiempos.

La Astrología tampoco se equivoca mucho con respecto a los tiempos de siembra y cosecha, de lluvias y sequías, simple y llanamente porque los viene observando desde hace más de seis mil años y comparando con los ciclos estelares.

La pantalla de nuestro firmamento no es tan precisa como los grandes telescopios como el Hubble o el James Webb, y ni siquiera como el de Atacama, sin embargo, nos permite hacer comparaciones con lo que vemos en el cielo y lo que sucede en nuestro planeta. Eso es la Astrología.

Los ojos de la humanidad, Webb y Hubble

¿Qué es lo que vemos en el cielo?

Luz, a veces pura luz.

Luces y vacíos, vacíos y luces.

Luces y sombras a las cuales damos nombres arbitrarios, como si a Plutón le importara que lo consideremos, o no, planeta o planetoide.

De lo que vemos hacemos interpretaciones, especulamos; las ordenamos y las comparamos; y finalmente vemos los resultados. Si salen bien, les llamamos leyes y ciencias; si salen mal, en lugar de llamarles errores, ilusiones, falsedades o hasta interesadas mentiras, insistimos en que también son ciencias, o pueden serlo, porque lo que vemos, luz, sí lo vemos y sigue ahí por más que lo mal interpretemos.

¿Qué es la luz?

Lo que percibimos con cada célula de nuestro cuerpo, pero sobre todo con el nervio óptico al que llamamos ojos. Eso es la luz.

Luz, fotones en movimiento

Las estrellas que divisamos en el firmamento no son en realidad otra cosa que luz, vieja luz que viene desde muy lejos propagada en línea recta (aunque quizá se propague en forma esférica, aunque no nos demos cuenta, según algunos estudios) como si de un rayo se tratara.

Rayos de todos los colores dependiendo de su lejanía.

Podemos ver del rojo al violeta, y vislumbrar el infrarrojo y el ultravioleta, estamos limitados a esa frecuencia de colores, y, sin embargo, entre esos dos límites podemos ver millones de combinaciones, incluso si somos daltónicos.

La luz puede viajar en forma de rayo, de onda o de partícula.

Los fotones son las partículas de la luz.

La mayoría de los fotones son blancos o transparentes, pero uno solo de ellos con cierta tonalidad da la impresión de color en el conjunto, o varían su longitud de onda, aunque, de cualquier manera, para la física cuántica la luz es granulosa.

Cada color tiene diferentes tonalidades, brillos, difuminaciones o solidez.

Por ejemplo, hay rojo sangre, rojo rubí, rojo carmesí, rojo cadmio, rojo cinabrio, y rojo desleído o pálido, lo que le da diferentes valores como Rayo de Poder, como nos explica el profesor Robert.

La luz es energía, pero tiene masa (si no, nada la desviaría), una paradoja física con sus respectivas polémicas, y puede ser capaz de quemar, de destruir y de crear, según su intensidad y la interacción que tenga con la materia, o simplemente de dar color y visibilidad a las cosas.

Una maravilla de la naturaleza que parece estar hecha para nosotros, los curiosos seres humanos, pues de ella recibimos información y calor, claridad y profundidad en las tres dimensiones en las que nos movemos.

Cuando abrimos los ojos y vemos, no solo percibimos fotones, también los emitimos, porque en buena parte somos energía eléctrica, magnética, electromagnética y calorífica, una verdadera maravilla a la par que la luz y que la naturaleza.

Sí, más allá de la magia y el esoterismo, los seres humanos somos verdaderos Rayos de Poder, capaces de explotar físicamente o de autoconsumirnos, hervir, y hasta quemarnos a nosotros mismos, aunque lo normal es que no podamos hacerlo a voluntad.

La radiación electromagnética que perciben nuestros ojos es luz.

Emisión láser

Si concentramos esta radiación electromagnética en una determinada longitud de onda, obtenemos un rayo láser, un verdadero y físico Rayo de Poder capaz de cortar lo que se le ponga enfrente (el rojo), o bien de molestar o de llevar información de un lado a otro a la velocidad de la luz (el verde), aunque dicha velocidad también es limitada y poca cosa para el tamaño del universo visible, pero algo es algo hasta que se descubra otra cosa.

Por ejemplo y hablando de descubrimientos, los seres humanos hemos sido capaces de ver más allá de nuestros nervios ópticos, como la luz infrarroja para ver en la oscuridad gracias al calor que emiten los cuerpos, que también es energía y, por lo tanto, luz; las microondas, que no son otra cosa que ondas electromagnéticas de frecuencia muy alta, es decir, con un número muy elevado de vibraciones por segundo, y que sirven, como la luz misma, para cocinar, porque excitan a las moléculas del agua, quemar o llevar información; los rayos X, que traspasan el tejido blando para observar el tejido óseo; y muchas otras que nos permiten ver lo que no solemos ver a simple vista.

¡Somos unos genios! Utilizamos los Rayos de Poder en la vida diaria desde hace mucho tiempo, y con la tecnología hemos refinado su uso; sin embargo, parece que nos hemos olvidado de su potencial mágico y esotérico, del cual nos hablará el profesor Robert Wall Newhouse en los siguientes capítulos, con su habitual maestría para relacionarlos con todos y cada uno de nosotros a través de nuestros chacras y de nuestros signos del zodiaco, entre muchos otros ejemplos.

LA LUZ QUE NO VEMOS

Sí, somos unos genios, pero también unos grandes fabuladores sobre lo que no vemos ni comprendemos, aunque lo tengamos frente a nuestras narices.

En nuestro afán de responder a lo que no sabemos inventamos a los dioses y los mitos, primero, y luego a las sesudas ciencias, que en muchos aspectos vienen a ser más o menos lo mismo que los dioses y los mitos, pero con medidas, leyes y reglas.

¿Dónde estamos? En la Tierra.

¿Dónde está la Tierra? En un brazo de la galaxia al que llamamos Vía Láctea.

¿Dónde está nuestra Galaxia? En el Universo.

¿Dónde está el Universo? No tenemos la menor idea, pero está, y eso es lo importante.

¿Tiene forma el Universo observable?

Cuando hablamos de lo lejano en el universo nos referimos a nuestra posición, aunque no sepamos si estamos en el centro, en un ala, al final o al comienzo, y los astrónomos se lavan las manos diciendo que, en el universo, lo que somos capaces de ver, no hay arriba ni abajo, ni centro ni externo, porque esas son medidas aplicables a nuestro entorno, y así se salvan de decir, además, si ascendemos o caemos en el oscuro infinito, que también existe.

Dicen que todo se sustenta y se sostiene en las relaciones de masa, gravedad y electromagnetismo sobre una misma malla, como si el universo fuera plano, cuando es obvio y patente que no es así; pero no plano, plano, sino plano envolvente, como una dona (donut en España), un huevo, una campana o una manta ondeante, aunque la verdad es que no tienen la más mínima ni remota idea, pero la necedad, la vanidad, el orgullo y la soberbia impiden que reconozcan que no lo saben.

La verdad es que apenas si vemos parte de nuestra Galaxia, por un lado, y algunas galaxias más o menos lejanas, por el otro, y que no sabemos ni vemos con claridad lo que hay arriba o hay abajo, ni somos capaces de comprender que un cinturón de asteroides se puede sortear más allá de lo que indican los videojuegos que

11

insisten en que tenemos que destruirlos o chocar con ellos, en lugar de pasar por debajo o por encima de los asteroides.

Pero eso sí, no faltará el científico que se lleve las manos a la cabeza cuando oye hablar de los Rayos de Poder, una superchería sin base ni fondo científico, creyendo que su raciocinio, su logos a decir de Platón, es superior al de los que experimentan con sensaciones energéticas en su propio ser.

Sin embargo, muchos de esos mismos científicos creen en Dios, sobre todo en el Dios judeocristiano, occidental, jerárquico, autoritario, celoso y opresor, y le llaman energía, bienestar, cosmos o lo que sea, cuando no Jehová con barba blanca y musculoso.

Los mismos teóricos de los Rayos de Poder a menudo caen en esa misma trampa de formación y de deformación cultural: Dios, o Jesús, o los Ángeles, al no ser capaces de darles una explicación más formal, sólida o hasta esotérica.

El profesor Robert intentará explicarnos muchos de estos detalles y preguntas que se le vienen a uno cuando sale el tema de los Rayos de Poder, que se descubrieron hace mucho tiempo en relación con los seres humanos, pero que hoy en día y gracias en buena parte a sus detractores científicos, son más ciertos y palpables que nunca.

DR. TAPIA

INTRODUCCIÓN: LO QUE SOMOS

*Somos apenas
un relámpago,
un suspiro,
en el eterno
devenir del tiempo.*
J.T.

Todos y cada uno de nosotros somos verdaderos Rayos de Poder, relámpagos, emanaciones, jivas que aparecen y desaparecen, o un suspiro en el eterno devenir del tiempo, como dice el doctor Tapia, mortales de cuerpo y quizá hasta de alma, pero espiritualmente sempiternos.

El simple hecho de estar vivos y aquí, experimentando en este mundo parte de la existencia, nos indica que somos emanaciones de energía recubiertos por increíble organismo material de lo más hermoso y complejo, tanto, que la consciencia de ser y estar no abarca todas sus funciones y habilidades.

Sí, tenemos un cuerpo que es, a la vez, una protección del alma y del espíritu, como un ser orgánico y material independiente de nuestro pensamiento, tanto, que tenemos que estudiarlo para comprenderlo.

Somos un cuerpo que además es nuestro vehículo y nuestro templo.

Nuestro cuerpo funciona con aire, electricidad, magnetismo, agua y energía, o con los cuatro elementos de la antigüedad, Aire, Fuego, Agua y Tierra.

El aire, el aliento que nos da la vida, está dado, y el respirar es una función automática del cuerpo.

El agua está dada en un principio, pero después tenemos que buscarla y beberla.

El fuego, la energía que nos mueve y a la vez nos consume, también hay que buscarlo en los alimentos.

La tierra, nuestros huesos, los traemos de serie al nacer, pero también hay que alimentarlos para que se desarrollen y se mantengan.

El cerebro manda señales eléctricas a todo el cuerpo, a todo el organismo, e interacciona con el magnetismo interno, y con el magnetismo externo del planeta y de lo que nos rodea, dándonos un equilibrio.

Nuestros sentidos, que son más de cinco, perciben el entorno viendo, sintiendo, palpando, oliendo, escuchando, intuyendo, presintiendo y reaccionando, mandando señales a nuestro organismo, a nuestro cerebro y a nuestro ser interno.

El cerebro, un órgano maravilloso, interpreta las señales, responde y crea estrategias, imagina, inventa y resuelve, y aunque a veces miente o malversa la información, es una máquina potente que realiza miles de acciones en un segundo de las cuales no solemos ser conscientes, y que nos hace casi perfectos.

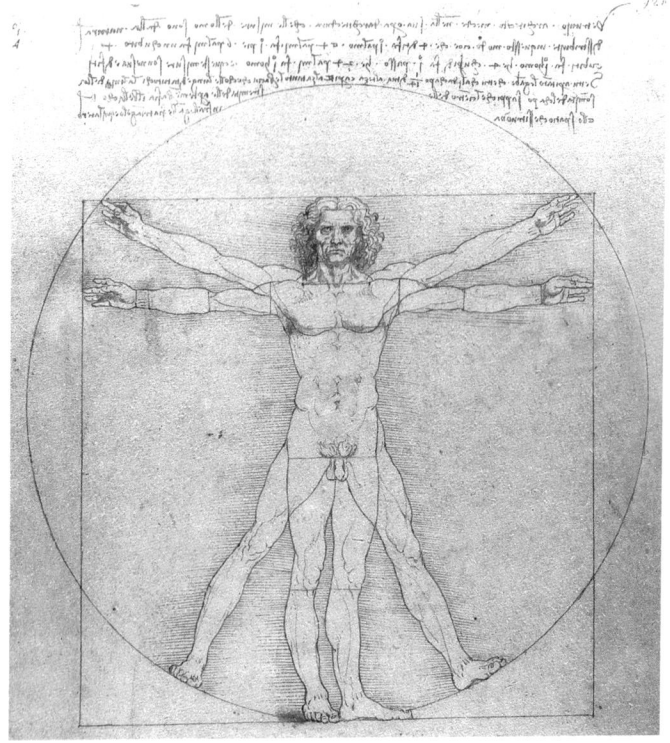

El ser humano, casi perfecto

El alma, que también nos es dada desde antes de nacer, también siente y desea, tiene hambre de sentir más que de saber, y es del todo ajena a la moral, las leyes, las costumbres y las normas, por lo que a menudo actúa a pesar de nuestros intentos de mantenerla equilibrada y renuente a los excesos.

Y es que en el alma hay todo tipo de sentimientos y emociones, desde los más salvajes y naturales (que se empeñan en reprimir), hasta los más sofisticados y elevados. Las pasiones del cuerpo son los efluvios del alma.

La moral, como el amor, la justicia y la armonía, son conceptos creados por el intelecto para escapar de las fuerzas de la naturaleza, lo cual es imposible, pero se intenta con el fin de vivir más o menos en paz.

La violencia, la depredación y la invasión, son emanaciones de nuestro ser interno, lo que nos hace una especie agresiva, depredadora e invasiva para todo lo que nos rodea y en contra incluso de nosotros mismos.

Somos animales humanos, una mezcla que parece estar a caballo entre lo divino y lo infernal, pues somos capaces de lo peor y de lo mejor que podamos concebir, pues también tenemos un espíritu de luz eterna e infinita, un ser elevado que está mucho más allá de lo que podemos imaginar y concebir, enlazado con el universo que vemos, y con el multiverso que somos incapaces de mirar.

¿De dónde venimos?

De la Luz Infinita, Continua y Eterna, dirían en la India, pequeñas y espontáneas manifestaciones que hemos ido evolucionando nacimiento tras nacimiento, hasta llegar a ser lo que somos ahora, por mucho que una gran mayoría, junto con los que la mandan, no quieran serlo, o quizá en realidad no lo son.

No son pocas las religiones y mitologías que señalan que venimos de la Luz y hacia la Luz vamos, en un camino, más que largo, cíclico, que apenas si ha comenzado comparado con otras especies y con el planeta mismo.

Los seres humanos llevamos aquí apenas cinco minutos, mientras que una simple especie, como la de las cucarachas, llevan en este planeta millones de años.

Según la ciencia, que tampoco sabe exactamente de dónde y cómo apareció el animal humano, somos obviamente mamíferos y parientes muy cercanos del cerdo, las ratas y los simios, a los que nos parecemos bastante, pero con una evolución altamente acelerada.

Parece que ningún otro animal ha evolucionado con la celeridad que lo hemos hecho nosotros, para quedarnos algo estancados en los últimos quinientos mil años.

Nos mezclamos con otros simios superiores, como los neandertales y los denisovanos, y quizá con otros que desconocemos, pero eso que llaman el "humano moderno", tanto el harto despigmentado como el muy pigmentado, parecen haber salido de la nada, y demasiado diverso, como los canes, como para haber salido de la misma camada.

¿Somos una especie modificada genéticamente?

¿Un experimento de alienígenas que mezclaron su ADN con el nuestro? Es posible, aunque parezca descabellado; si bien es cierto que quizá solo manipularon o mejoraron el nuestro sin mezclarse con nosotros.

Las mitologías hablan de relaciones entre las divinidades y los humanos, con descendencia probada, lo que significaría que más que experimentar con nuestros genes, simplemente nos copularon, y de esa hibridación salimos las personas de hoy en día, con el halo de la inteligencia divina (que tampoco ha resultado ser muy brillante), que nos ha permitido la evolución acelerada, así como el dominio del fuego, la capacidad de cocinar, el don de crear máquinas y herramientas, descubrir los secretos de la minería, la agricultura, la ganadería y la abstracción numérica o matemática.

¿Cómo es posible que grupos humanos que no coincidieron nunca ni en el espacio ni en el tiempo tengan las mismas habilidades?

¿Quién se las enseñó?

¿Prometeo?

¿Quetzalcóatl?

¿Los ángeles?

¿La genética?

Ni idea, o tal vez todos los anteriores y algunos más que olvidamos.

¿Cómo es posible que todos los humanos de las más diversas épocas y latitudes sean capaces de hablar y de construir lenguas e idiomas?

¿Nuestro habla es como el ladrar de los perros o como el aullar de los delfines y las ballenas?

¿Quién nos enseñó a escribir tanto en Sumeria como en China casi al mismo tiempo?

Los fenicios enseñaron a leer y a escribir a todos los pueblos de la Cuenca Mediterránea, pero de dónde sacaron ellos la capacidad de abstracción para crear un alfabeto que superaba por mucho a los jeroglíficos egipcios y a las tablillas de escritura cuneiforme. ¿Quién les enseñó a ellos?

Somos una especie curiosa, sin duda, con más preguntas que respuestas, y una rara y hasta extraña vitalidad que va más allá del nacimiento y de la muerte del cuerpo.

¿De dónde sacamos que tenemos alma?

¿Cómo se nos ocurrió pensar que tenemos espíritu?

¿Por qué pensamos en algo tan difuso como la trascendencia?

Parece que no hay grupo humano que no sea imaginativo y lo suficientemente supersticioso como para creer que hay algo más que esta hermosa o dolorosa vida.

El más allá inmediato no parece mucho mejor que el más acá, pues de entrada lo concebimos jerárquico, moralista y hasta materialista, pero lo concebimos, e incluso en algunas regiones orientales lo han refinado, situando un más allá del más allá, que libera tanto de lo material y lo jerárquico, como de lo emocional y lo sentimental.

No somos perfectos

Podríamos serlo, pero no somos perfectos, pues a nuestra vez y como si fuéramos dioses nos hemos inventado un mundo cultural del todo contradictorio, que dice amar a la naturaleza, pero la rechaza como comportamiento humano y para ello inventa la moral, las trasgresiones, los pecados y el buen o mal comportamiento, y además de inventarla la sanciona y castiga de una manera u otra a quienes no la sigan.

Nos inventamos normas que no podemos cumplir pues son ajenas a nuestra más elemental naturaleza, y encima nos castigamos a nosotros mismos por no seguirlas.

Somos Rayos de Poder contradictorios, paradójicos e incongruentes, pero somos y estamos.

Brillamos y nos apagamos de golpe, como el Rayo de Poder que somos, en esta experiencia vital y terrestre en la que hemos sido dados a luz, nunca mejor dicho, sin saber ni cómo ni por qué ni para qué, aunque la Astrología y los Rayos de Poder pueden darnos muchas pistas.

Según la Teosofía y otras tendencias

Según la Teosofía y otras tendencias míticas y místicas, cada uno de los pasos de la evolución humana se habrían dado de la siguiente manera:

Primer Rayo de Poder

Antes de las primeras encarnaciones no éramos más que filamentos de luz con muy poca masa, pero ya algo de inteligencia y de independencia que paseaban por el mundo y la luna.

Segundo Rayo de Poder

Ante el deseo de encarnar y de ser, se abrieron doce puertas con respecto a los ciclos siderales, y la humanidad empezó a ser y estar como muchos otros seres, muy primitiva y torpe, pero ya con consciencia de sí misma. Durante este periodo fuimos mascotas de los Pitris lunares, que nos prepararon para la vida física, mental y anímica en el planeta Tierra.

Tercer Rayo de Poder

La raza primera fue la lemuriana, o negra, que tuvo una sorprendente, rápida y ágil evolución, llegando a cuotas muy elevadas de pensamiento científico y tecnológico, sin dejar de lado su pasión vital animal, lo que la condujo hacia el orgullo, la presunción y la soberbia como camino de perdición.

La raza lemuriana fue llamada a recogerse ante el inminente caos que se avecinaba, pero muchos no hicieron caso de las señales y perecieron o quedaron en la ruina más espantosa de posesiones y conocimientos, destinados a ser esclavos de las próximas camadas.

Cuarto Rayo de Poder

Tras el fracaso de los lemurianos llegaron a la Tierra

los amarillos que derivaron en poco tiempo en los de bronce. Hasta cinco intentos de permanencia se hicieron, y si bien algunos de ellos alcanzaron cuotas de desarrollo similares a los lemurianos, la mayoría se mantuvo en segundo plano resguardada por sus líderes, por el arte y por la filosofía, creciendo mucho en número, pero no en pensamiento.

La inmentalidad amenazó con desaparecerlos del todo, por lo que fueron llamados a evacuar el planeta, pero no todos obedecieron quedando condenados a un segundo término con respecto a las nuevas camadas.

QUINTO RAYO DE PODER

Aparece la raza roja, de poca expansión, y se mezcla con las anteriores hasta casi perderse entre ellas, por lo que quedan pocos ejemplares en nuestros días, unos ejemplares que no han constituido ciudades, naciones ni reinos, como sí lo hicieron los lemurianos con su Atlántida, y los amarillos y de bronce con su Mu, por lo que a menudo fueron perseguidos y utilizados por los demás, ya que adivinaban el poder que los rojos tenían en sus entrañas y en sus almas, y que se expresaba a través de sus cabellos.

Casi todos los rojos evacuaron llegado el momento, y solo unos cuantos quedaron en la Tierra como ejemplo.

SEXTO RAYO DE PODER

Nace la raza blanca con consciencia de ser y de estar, depredadora e invasiva, violenta y guerrera, pero también algo racional e inteligente, que dominó a las razas anteriores en un principio, pero que después comprendió la riqueza de la diversidad y se alió y se mezcló con ellas, aunque sin dejar el poder conseguido en su llegada.

Los peligros de extinción que amenazan a esta raza son muchos, desde los naturales hasta los que crea ella misma, como la guerra y las ciencias y tecnologías autodestructivas, por lo que pueden ser llamados a la evacuación en cualquier momento para dar lugar a la séptima y última camada, quizá la definitiva, para bien o para mal de la breve historia de la humanidad.

Las edades del ser humano

Séptimo Rayo de Poder

La raza dorada, la del Séptimo Rayo de Poder, ya está entre nosotros, con seres más humanos que animales (o menos salvajes y con la parte noble de las otras especies), más sensibles, pero a la vez más responsables y más racionales, con una consciencia elevada que los demás no atinamos a comprender, por lo que, a pesar de ser la raza más joven y recién llegada, está destinada a enseñar al resto el camino correcto hacia la emancipación.

Tanto los Pitris lunares como los otros seres que han ayudado a la diseminación, evacuación, e inserción en la Tierra de las diferentes razas a través de los Rayos de Poder, no son dioses ni nada que se les parezca, son simplemente seres que han seguido otros caminos de evolución y de vibración, y que encarnados tienen una piel de un color azul intenso y brillante, y que dejarán a la raza dorada libre para que elija su camino y crezca, o vuelva a su etapa de filamentos si es que así lo desea.

Las versiones esotéricas del origen y desarrollo de la humanidad son diversas, tanto como las mismas culturas humanas, y ninguna es mejor o peor que la otra, ni más falsa ni más verdadera, porque todas confluyen en algo que es común a todos los seres humanos: la superstición, y la idea de que, además de un cuerpo y una mente, tenemos alma y espíritu, y esa idea, quizá una pura y descabellada ilusión, es universal y nos compete a todos y cada uno de nosotros.

LA EDAD DE ORO DE LA HUMANIDAD

Cabe mencionar que la Edad de Oro que propone la Teosofía para el futuro y con una nueva raza dorada, tanto por su aspecto como por sus dones, la mitología griega ya lo propone en el pasado de la humanidad.

Cuando Zeus creó a la humanidad y la puso sobre la faz de la Tierra, los hombres y las mujeres no eran muy inteligentes, pero sí obedientes, sanos y creyentes, pero, sobre todo, sin problemas y eternos, hasta que el titán Prometeo, al verlos tan silvestres, se compadeció de ellos y les enseñó el uso del fuego y despertó sus consciencias, con lo que los humanos se volvieron pretensiosos y desesperaron a Zeus, que condenó a Prometeo a ser colgado de un acantilado donde los buitres le devorarían la entrañas eternamente.

Luego vino la autómata Pandora, que Zeus convirtió en humana y Hera le instaló la curiosidad, el drama, los celos y la inconsciencia femeninas, por lo que, ya humana, Pandora abrió el arcón de los males y terminó de fastidiar a la humanidad, acabando con la Edad de Oro, pues entre esos males estaban la enfermedad y la muerte que los seres humanos no habían sufrido ni padecido antes.

La mitología judía tiene su Paraíso Terrenal, donde Adán

y Eva eran felices y eternos, además de castos y puros; lo mismo sucede con las mitologías árabe y católica, con sus respectivas edades de oro donde los hombres y las mujeres vivían en plena armonía eterna hasta que el pecado los alcanzó y los echó de los respectivos paraísos.

Mucha gente de nuestros días ya vive su propia Edad de Oro, pues lo tiene todo, menos inmortalidad, pero la buscan pagando millones a los científicos especialistas en longevidad y genética.

Otros buscan la eternidad por la vía mística, renunciando al cuerpo y sus apetitos para alcanzar la espiritualidad en una próxima vida, donde sí somos eternos, o al menos eso nos gusta creer, porque al fin y al cabo somos emisiones energéticas de luz, donde nuestros átomos no mueren nunca, que es uno de los prismas desde donde observa la vida diaria y la espiritualidad la teoría de los Rayos de Poder, que veremos a lo largo y ancho de este libro.

ROBERT WALL NEWHOUSE

I
LOS SIETE RAYOS DE PODER

El poder del alma,
de la vida, del amor
y de las flores,
es el bendito poder
de los colores.

¿QUÉ SON EXACTAMENTE LOS RAYOS DE PODER?

Hay diferentes versiones y diferentes disciplinas que los observan e interpretan, desde las ciencias ocultas más antiguas hasta las más modernas, con la óptica y la percepción que tenemos los seres humanos de los colores, hasta sus aplicaciones técnicas y tecnológicas que durante mucho tiempo fueron consideradas magia, brujería, superchería o simplemente delirios de la imaginación humana.

Pero son y están independientemente de las diferentes perspectivas, unas cercanas, cotidianas y psicológicas que se refieren a nuestro comportamiento, y otras más esotéricas y espirituales, desde la Astrología mundana, hasta la Astrología teosófica y la Astrología kármica.

LOS RAYOS DE PODER COMO ENERGÍA VITAL

Los Rayos de Poder son básicamente energía pura que se expresa de la siguiente manera:

EL PRIMER RAYO DE PODER

El Primer Rayo de Poder expresa una energía de Voluntad, Acción y sensación de Poder, pues es el Rayo que lo inicia todo, la toma de consciencia de ser y estar, y, sobre todo, la capacidad de actuar, porque en este universo todo está en movimiento, nada está inerte, todo vibra, todo se manifiesta, todo evoluciona constante y continuamente.

Antes de la manifestación del Primer Rayo de Poder, solo hay luz continua, eterna e infinita, rasgando las sombras y la oscuridad de lo más profundo del multiverso.

Por tanto, todo lo existente en el universo contiene y expresa el Primer Rayo de Poder, tanto lo vivo como lo aparentemente inerte, lo orgánico y lo inorgánico.

En el universo no tiene problema alguno, pero cuando lo trasladamos a la vida diaria puede presentar algunos conflictos, accidentes o choques, ya que es demasiado poderoso y las personas no siempre somos capaces de dominarlo, administrarlo y llevarlo por el buen camino.

Da poder, por supuesto, pero ese poder hay que saber utilizarlo para que no nos queme con su energía y nos traiga más problemas que soluciones, como la impaciencia, la intolerancia, la irreflexión, el desprecio hacia los demás y la tiranía.

El Primer Rayo de Poder

¿Cómo se activa el Primer Rayo de Poder?

El Primer Rayo de Poder se activa actuando, creando, haciendo, moviendo, transformando, evolucionando, cambiando, construyendo, mejorando, tomando la responsabilidad de los propios actos, del propio ser, sin depender de nada ni de nadie.

Así de sencillo. Acción positiva, y nada más.

La inacción y la pereza, la desidia y la dejadez, la sumisión y la obediencia a cambio de falsa seguridad o de promesas de vidas futuras, son incapaces de activar este Rayo de Poder a pesar de que lo lleven dentro desde el nacimiento.

El Segundo Rayo de Poder

Al Segundo Rayo de Poder se le confiere una energía de Amor o Sabiduría, porque quien sabe, siente, y quien siente, sabe. Existe la ignorancia, la maldad, la traición y el desamor, pero la verdadera indiferencia no existe, todos somos seres sensibles y sintientes (como dicen ahora) de una o de otra manera; todos reaccionamos y respondemos a los estímulos.

Las emociones y los sentimientos son tan poderosos como las acciones, porque los seres humanos somos mucho más emocionales que racionales, y con un acto de fe podemos mover montañas y transformar la realidad, y hasta cambiarlo todo por imposible que parezca.

El Segundo Rayo de Poder es el relámpago del alma, y puede cambiar la historia de cada persona, para bien o para mal, de la misma manera que puede construir y destruir reinos enteros, elevarse o despeñarse por el deseo y el hambre de sentir, pues si no se le domina es capaz de devorar al ser y sumirlo en la oscuridad, en el sin sentido de la existencia y en la sensación de inutilidad o fracaso vital.

No hay que olvidar que nuestra alma tiene apetitos del todo animales, salvajes, naturales y hasta destructivos, y el no saber dominarlo puede empujarnos al odio, la venganza o la desesperación.

Llevamos dentro este Rayo y no podemos desprendernos de él, porque somos más reactivos que pensantes, pero sí podemos encaminarlo hacia la elevación, la tolerancia y el perdón, superándonos a nosotros mismos y venciendo a nuestras tendencias y debilidades.

¿Cómo se activa el Segundo Rayo de Poder?

El Segundo Rayo de Poder se activa amando y aprendiendo de las experiencias emocionales, y no de los estudios ni de lo que hacen los demás, y mucho menos de las doctrinas y ejemplos falsos de amor y felicidad con los que nos educan desde niños.

El amor del Segundo Rayo de Poder no es un amor sexual ni de pareja, tampoco es un amor dependiente o codependiente, sino un amor puro y universal que todo lo da y que nada espera a cambio, pues esperar algo a cambio no es amor verdadero, sino reciprocidad interesada por agradable que sea, un simple deseo de ser amado, como lo tienen todos los animales, y no de amar pura y sinceramente a los demás.

Se ama todo, o no se ama, porque el verdadero amor no admite parcialidades ni es caprichoso y exclusivista.

Como dijo Herman Hesse, "si de verdad amas, amas al universo entero con sus virtudes y defectos, sin dejar de amarte a ti mismo, porque solo de esta manera puedes encontrar la sabiduría".

Tercer Rayo de Poder

El Tercer Rayo de Poder es el de la energía de la Inteligencia y de la Comprensión, del estudio y de la toma de consciencia del ser más allá de los egos identitarios, del Yo sin egoísmos, pues tiene la capacidad de transmitir lo que ha aprendido.

La inteligencia no solo aprende, sino que discurre, descubre, soluciona e inventa, es decir, es receptiva y creativa.

La mente es poderosa porque expresa el Tercer Rayo de Poder con penetrante potencia, domina las emociones y las pasiones, despeja las incógnitas, resuelve problemas, encuentra soluciones y abre el camino de la evolución positiva.

El conocimiento no debería ser propiedad de unos cuantos mientras el resto se mantiene ingenuo, creyente, dependiente e ignorante.

Abre tu mente y eleva tus conocimientos con el Tercer Rayo de Poder.

¿Cómo se activa el Tercer Rayo de Poder?

Activando la inteligencia, la curiosidad y el deseo de aprender; y comunicando después lo aprendido a los demás.

Aunque no queramos, los seres humanos aprendemos o desaprendemos todos los días, creemos y nos dejamos engañar y adoctrinar, pero también somos capaces de deducir y analizar, por lo que si la mente está activa y no perezosa, porque es más fácil creer que estudiar, activaremos el Tercer Rayo de Poder y se abrirá ante nuestra mente y ante nuestros ojos la ventana del conocimiento.

Cuarto Rayo de Poder

Contiene la energía del Equilibrio y de la Armonía, que según algunos llega a través de las experiencias dolorosas o del conflicto, pues sin sufrir no se puede valorar ni aprender la paz y la armonía; mientras que para otros no es necesario pasarlo mal para valorar el bien.

En este Cuarto Rayo de Poder, están contenidas las emociones, los sentimientos, el deseo, el hambre, el amor de pareja, el amor maternal, paternal y filial, y hasta la reproducción física y espiritual, enlazado directamente con la psique humana, y también con la psique animal, logrando la empatía con las mascotas y la naturaleza entera.

Puede parecer un Rayo de Poder simple, sensible y hasta débil, pero en realidad es uno de los más poderosos que inciden sobre la especie humana, pues, así como es capaz de cocinar y de crear vida, también es capaz de destruirla por un simple malentendido, un capricho, unos celos o un despecho.

¿Cómo se activa el Cuarto Rayo de Poder?

Desarrollando emociones y sentimientos realmente positivos, nada egoístas, caprichosos, vanidosos o interesados, en lugar de alimentar sentimientos negativos que en un principio parecen buenos, pero que en cuanto fallan en el campo de nuestras expectativas se vuelven conflictivos y dolorosos.

Se puede aprender del conflicto, porque no queda más remedio, pero la verdad es que el conflicto y los sufrimientos suelen alimentar odios, venganzas, rencores, frustraciones y todo tipo de emociones negativas, en lugar de mejorar el alma de las personas.

Es más, el sufrimiento suele ser adictivo, tanto física como anímicamente, porque es duradero, seguro y patente; mientras que la armonía mal construida o con expectativas de correspondencia ajena, como el amor sexual o de pareja, siempre es frágil, volátil, cambiante y caprichoso.

Incluso los amores familiares, paternales, maternales o filiales pueden ser volátiles y cambiantes, seguros durante mucho tiempo, pero más dolorosos cuando se disipan o se rompen, pues se espera más de ellos que de cualquier otro amor.

Quinto Rayo de Poder

Para algunos el Quinto Rayo de Poder representa la energía de la Investigación o de la Ciencia; pero para otros representa al Poder mismo, y con él al liderazgo, el gobierno, la jerarquía, la élite, o el simple don de mandar y dirigir.

Por supuesto, este Rayo de Poder ayuda a pasar de la magia y la superstición a la ciencia comprobada y cierta, todo a la medida del ser humano, independiente de los dioses y el azar, porque también el conocimiento científico es poder.

Es un Rayo de Poder para todos y cada uno de nosotros, sin embargo, es uno de los menos utilizados por la humanidad, que prefiere que las responsabilidades y los conocimientos elevados sean responsabilidad de los expertos o de los dioses.

Poder para quien ya tiene poder.

Poder para quien dedica su vida a la verdadera ciencia.

Aunque, curiosamente, muchos de los que ostentan el Quinto Rayo de Poder en sus existencias terrenas, no dejan de ser creyentes, supersticiosos e irresponsables con la gestión de su ser interno.

¿Cómo se activa el Quinto Rayo de Poder?

Asumiendo la responsabilidad del mando sobre nuestro propio ser y sobre nuestra propia existencia, y liberándonos de la obediencia ciega y de la sumisión ladina y convenenciera que tan agradable suele ser para las masas.

No creer, sino pensar y analizar.

No dar nada por hecho.

Luchar, trabajar e insistir.

Mantenerse firme en el autogobierno.

No abusar de los demás, y mucho menos de los que quieren ser gobernados, pues gobernar a los demás conlleva cargar con responsabilidades y karmas ajenos.

"Quién se vence y gobierna a sí mismo, gobierna al universo entero", escribió Marco Aurelio, el Emperador filósofo y estoico, y eso es lo que representa y la manera en que se activa el Quinto Rayo de Poder.

Sexto Rayo de Poder

El Sexto Rayo de Poder confiere la energía de la Devoción y del Idealismo, de Hospitalidad y Servidumbre, de Humildad y hasta de Poesía y Originalidad, fuera de las modas y de las corrientes sociales que nos manipulan emocionalmente desde las élites, y mucho menos ser cómplices de ellas.

Monjes, santones, lamas, anacoretas y ermitaños (y hasta simples campesinos) reflejan este Rayo de Poder en su sentir, en su hacer y en sus existencias.

La vida no es el sistema ni la estructura social en la que se mueve.

La vida no es un contexto ni una construcción social.

La vida no es nada de lo que se dice que es la vida.

La vida no son triunfos ni fracasos.

La vida no son amores ni frustraciones.

La vida no es religión e ignorancia supina.

La vida no es conocimiento, ni sabiduría ni ciencia engreída.

La vida no es una novela, ni un drama ni una tragedia.

La vida no es lo que crees, ni lo que sientes ni lo que piensas.

La vida eres tú por el simple hecho de que estás vivo y la experimentas todos los días de tu vida. Todo lo demás es superfluo.

La vida es lo que tú quieras.

¿Cómo se activa el Sexto Rayo de Poder?

El Sexto Rayo de Poder se activa con la meditación y con la reflexión, vaciando al cerebro y al alma de todo lo que le han enseñado a lo largo de su breve o larga existencia, porque absolutamente todo es un engaño, una mentira o un acomodo del pensamiento para explicarlo todo, aunque no tengamos cómo ni con qué compararlo.

Obviamente, muchas cosas de este mundo funcionan, mágicas o científicas, pues son prácticas, convenientes o resultadistas, pero eso no impide que sean arbitrarias y propias del pensamiento y el contexto humanos; y seguro que hay algo más detrás de todo esto a lo que llamamos ciencia, magia, vida, existencia y conocimiento.

Sé, por tanto, devoto de ti mismo, y atrévete a abrir la cortina de la realidad para ver qué hay detrás de ella.

SÉPTIMO RAYO DE PODER

Según los devotos de diferentes sectas, cultos y religiones, el Séptimo Rayo de Poder emana la energía del Orden Ceremonial o Magia; mientras que, para los no devotos, el Séptimo Rayo de Poder representa la energía Espiritual que se nos ha conferido a todos los seres humanos sin excepción alguna, mucho más allá de todas las creencias, mitos y religiones.

No hace falta creer en nada ni en nadie para tener espíritu.

De hecho, sin espíritu no estaríamos aquí y ahora, y, de estarlo, no seríamos más que un animal más, que no tiene nada de malo, pero un animal más, al fin y al cabo.

Todos los animales tienen alma y son sintientes, pero su evolución aún está lejos del sendero espiritual, aunque algunas mascotas ya se saben o se sienten trascendentes.

Se dice que incluso muchos seres humanos están todavía lejos de la espiritualidad, aunque todos tengan espíritu, y por eso algunos los quieren empujar o utilizar en cultos, religiones o creencias más o menos intensas, pues aunque no sepan utilizar este Séptimo Rayo de Poder, lo tienen y se les puede succionar, total, los más bajos de los seres humanos son poco más que elementales y bajos astrales, con un tesoro en su interior que no saben administrar, pero que puede enriquecer a otros, como diría el bueno de Adam Smith: "¿Para qué quieren el oro los indígenas si no saben su valor ni utilizarlo? Para nada, por eso no está mal quitárselo y a cambio darles moral y educación."

¿CÓMO SE ACTIVA EL SÉPTIMO RAYO DE PODER?

Para activar el Séptimo Rayo de Poder es suficiente con tener consciencia de tenerlo desde siempre muy dentro de nosotros.

Con saber que se tiene, basta y sobra para activarlo, pues está siempre en nuestro interior, en nuestro exterior, encima, arriba, abajo y al lado, porque si no lo tuviésemos, simplemente no hubiéramos nacido en este planeta: el espíritu es indispensable para la vida humana.

Sí, somos algo más que carne, huesos, mente, cerebro, emociones y alma. Somos Rayos de Poder que anuncian la inminente tormenta de la existencia.

LOS RAYOS DE PODER Y LOS COLORES

No hay un acuerdo universal y ni siquiera general del color que representa a cada Rayo de Poder, ya que hay variedad en tonos e intensidades, así como en gama y en longitud de onda.

El rojo, el azul y el amarillo son los que menos desacuerdos tienen, aunque las virtudes del Rayo Rojo a menudo se intercambian con el Rayo Azul, o se mezclan, dando lugar al Rayo Índigo, Granate o Rubí, dependiendo de la fuente esotérica.

Una de las interpretaciones más generalizada en Occidente, aunque el Rayo Azul sea muy hindú, es la siguiente:

EL RAYO AZUL O ROJO

Representado en la cultura judeocristiana por el Arcángel Miguel, y en la hindú por la Tridosha de Brahma, Shiva y Visnú.

Día de expresión, manifestación y activación, el domingo.

Piedra de emisión, el lapislázuli si es azul; el rubí si es rojo.

Representa la voluntad y la creatividad si es azul, y la voluntad y la capacidad de acción si es rojo.

Para algunos existe la posibilidad que se observe como la flama de una vela, azul por fuera y rojo por dentro, sin dejar de ser el mismo Rayo de Poder, pues su elemento es el Fuego, sus signos Aries, Leo y Sagitario, y su astro el Sol.

En su aspecto negativo a menudo consume más de lo que da, y mueve a la lucha, el conflicto, la falsedad, la hipocresía y la guerra, tanto si se le vislumbra azul o rojo.

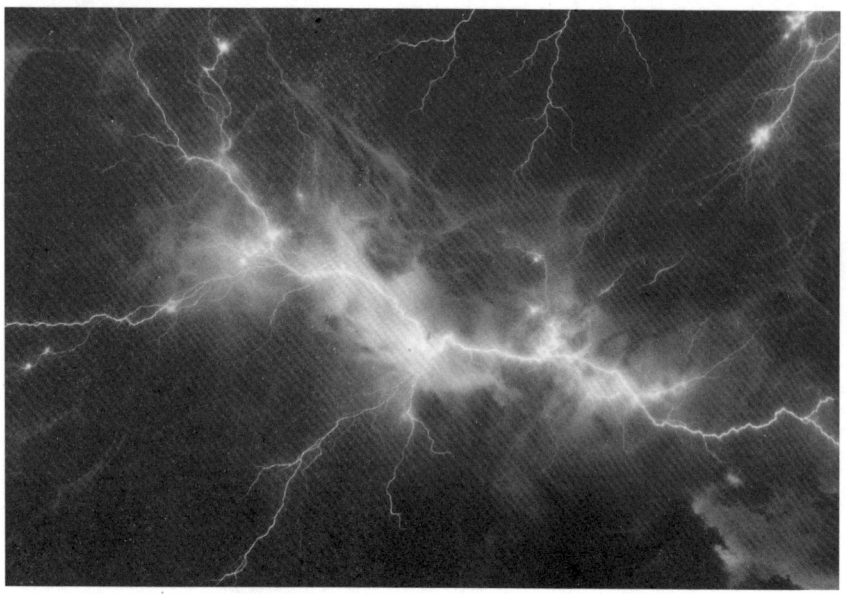

El Rayo Azul de la Voluntad

EL RAYO AMARILLO O MORADO

Se le relaciona generalmente con la Arcángel Jofiel.

Su día de emisión, activación y manifestación suele ser el lunes.

Piedra de activación, el cuarzo y las perlas.

Este Rayo de Poder activa tanto la capacidad intelectual, como la comunicación, la intuición, la fertilidad, la maternidad y los dones internos.

Su astro es la Luna, y su signo principal Cáncer, aunque también se manifiesta a través de Géminis y de Leo.

Su elemento es el Agua, por lo que además tiene relación indirecta con Escorpio y Piscis.

En su aspecto negativo tiende a exagerar el ego, las ansias de poder, las pasiones, las emociones, los sentimientos y hasta las visiones psíquicas.

El egoico Rayo de Poder Amarillo

EL RAYO ROSA O MARRÓN

Se le suele adjudicar al Arcángel Chamuel, Samuel o Samael.

Su mejor día de emanación es el martes.

Su piedra de activación es el cuarzo rosa.

Su planeta irradiador es Marte, por lo que tiene influencia directa con Aries y Escorpio.

Este color de Rayo de Poder inclina hacia el perdón, la tolerancia, la curación y la elevación espiritual en el más allá; así como la imaginación, el descubrimiento, la discreción y el amor incondicional.

En su aspecto negativo, una sobrecarga de este Rayo de Poder conduce a la mentira, la magia negra, el crimen, la marginalidad y lo peor de las guerras, por lo que debe tratarse con mucho cuidado, tanto si es un exceso de rosa, como si es un exceso de marrón.

El mágico Rayo de Poder Marrón

EL RAYO BLANCO O GRIS

Se le adjudica al Arcángel Gabriel, aunque reúne a toda la corte celestial en su emisión blanca, ya que el blanco no es ningún color, sino la suma de todos los colores. Nuestro mismo sol no es amarillo, ni dorado ni naranja, es del todo blanco en el espacio exterior, como todas las estrellas.

El día en que mejor se manifiesta es el miércoles.

Todas las piedras transparentes reflejan su prisma, como el diamante o el zafiro.

Para algunos y en su versión blanca, representa la pureza, la inocencia, la castidad y la bondad eterna; mientras que en su versión gris habla de inteligencia, escritura, mensajes esotéricos, y lucha franca hacia el ascenso espiritual. También influye en la ciencia, en los inventos y en los descubrimientos.

Su planeta irradiador es Mercurio, por lo que se relaciona principalmente con los signos de Géminis y Virgo.

El Rayo de Poder Blanco o Gris, el intelectual

Sus elementos son el Aire y la Tierra, sobre todo el Aire, por lo que también puede expresarse a través de Acuario y Libra.

En su aspecto negativo está la frialdad, la indiferencia, el desprecio hacia la humanidad, el exceso de bondad, que puede ser tan negativo como el exceso de maldad, en su versión blanca; la intransigencia y la excentricidad, e incluso la dejadez, la desidia y la pereza física y mental, en su versión gris.

EL RAYO VERDE

Al Rayo de Poder Verde se le asimila con el Arcángel Rafael, el sanador por excelencia. El color de este Rayo es la combinación del Rayo Azul y del Rayo Amarillo, por lo que es un Rayo compuesto de voluntad y carisma, de poesía y realismo siempre en busca de la perfección.

El jueves es el día en que mejor se proyecta, pero también tiene influencia sobre el miércoles.

La esmeralda y el jade son las piedras que mejor proyectan el poder del Rayo Verde.

Obviamente se trata de un Rayo de Poder de sanación, tanto del cuerpo como de la mente y del alma, además de tener fuertes vínculos con la educación y la enseñanza, por su capacidad de trasmitir y difundir conocimientos en cualquiera de sus formas: oral, escrita, visual y virtual o tecnológica. La magia y la ciencia se unen en el halo de este Rayo.

La energía de este Rayo proviene principalmente de Júpiter, pero también de Mercurio, sobre todo en su aspecto sanador.

Sus elementos son el Fuego, el Aire y la Tierra, con clara influencia sobre los signos de Sagitario y Virgo.

Su aspecto negativo es la tacañería para con los demás y para consigo mismo, así como la ambición pacata o desmedida, que tiende a creer que abusar de los demás es más una virtud que un defecto, algo que puede ser del todo contraproducente para el desarrollo y el crecimiento espiritual, que generalmente se manifiesta a través de las peores enfermedades.

El Rayo de Poder Verde, el sanador

EL RAYO NARANJA O AZUL CIELO

El Arcángel Uriel es el que se asimila al Rayo de Poder Naranja, que en un principio es una mezcla del Rayo Rojo y el Rayo Amarillo. En su versión Azul Cielo es más claro y directo.

Se manifiesta principalmente los días viernes, y es de una gran influencia sobre toda la humanidad.

Vibra con las rocas y con las piedras, sobre todo con la aguamarina de color naranja o azul cielo.

Es el Rayo Paternal, de la ambición positiva y el ascenso, sobre todo en su versión naranja; mientras que, en su versión azul claro, es manifestación de amor, equilibrio, armonía, paz y creatividad. En conjunto incide sobre la estructura orgánica y la capacidad de hablar y convencer por medio de la palabra.

Su energía lumínica proviene de Saturno, en primer lugar y con el Rayo Naranja, y de Venus, en segundo lugar y con el Rayo Azul Cielo, pero no menos potente.

Sus elementos son la Tierra y el Aire, por lo que se manifiesta con fuerza y de manera espontánea en los signos de Capricornio, Tauro y Libra.

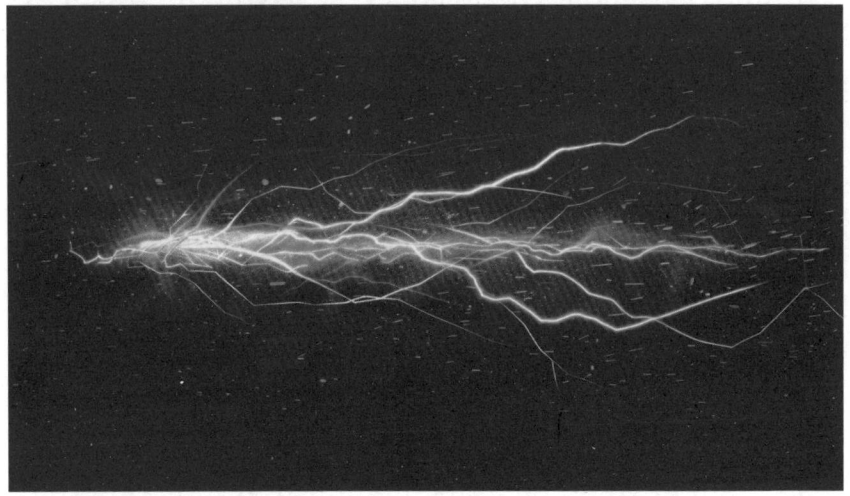

El Rayo de Poder Naranja, el de la abundancia

Este Rayo de Poder abre las puertas del entendimiento y hasta de la lucidez filosófica, sin dejar por ello de medrar y emprender en lo material, siempre en busca de nuevos retos y de nuevas alturas y aventuras, pues también es el Rayo de la Abundancia. Por supuesto, tiene vínculos con el amor físico y erótico, lo mismo que con las artes creativas, como la pintura, así como con los deseos de hacer justicia y rebelarse contra lo establecido.

Tiene el aspecto negativo de la negación, la incongruencia y la contradicción, y en seguir caminos equivocados creyendo que son los caminos correctos, o que se tiene impunidad para trasgredir las normas humanas, divinas y de la naturaleza, sin tener en cuenta a los demás, y sin percatarse de que el fin no justifica los medios. Mientras más alto se cree ascender, más larga y dolorosa es la caída.

EL RAYO VIOLETA

Como Séptimo Rayo de Poder, se le vincula con el Arcángel Zadkiel, y se le relaciona tanto con la alta magia como con la más elevada de las ciencias, sin dejar de lado todo tipo de teologías. Para unos es el Rayo de lo Secreto y de lo Prohibido, y para otros es el Rayo de la Luz y la Esperanza de la humanidad.

Su día de emisión y de expansión es el sábado, prohibido para algunos, abierto para otros.

Su piedra de vibración y activación suele ser la amatista.

En este Rayo de poder se manifiestan tanto la evolución humana, como el perdón, la misericordia y el altruismo; así como el crecimiento, el desarrollo y la creación de un nuevo mundo que supera los errores del pasado y se libera de todo tipo de creencias y adoctrinamientos, por lo que puede ser un Rayo rebelde que hierve dentro de todos los corazones, aunque muy pocos se atreven, de momento, a manifestarlo.

Sus raíces elementales son el Fuego, la Tierra, el Aire y el Agua, por lo que atañe a todos y cada uno de los seres humanos.

Su energía eterna se desliza a través de los signos de Tierra principalmente, como Tauro, Virgo y Capricornio, y de los signos Cardinales, Aries, Cáncer, Libra y Capricornio; pero no deja a ningún signo al margen.

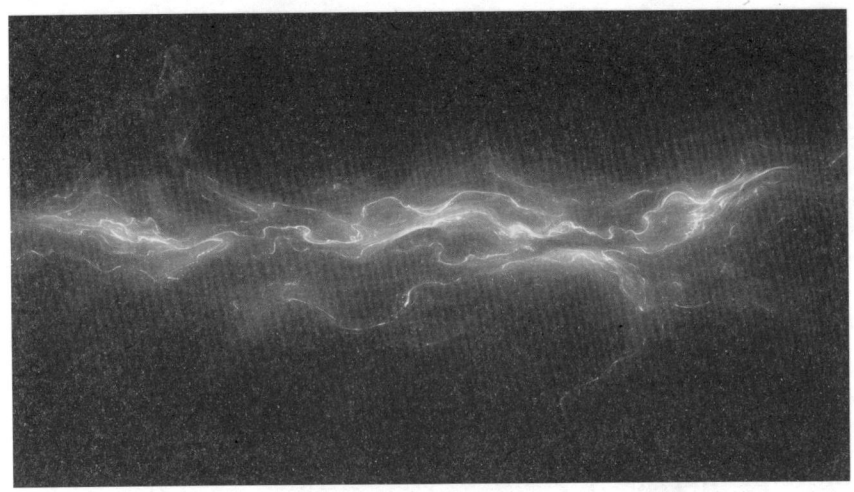

El espiritual Rayo de Poder Violeta

En el Rayo Infrarrojo está el prenacimiento, y en el Rayo Ultravioleta está el más allá, completando el ciclo de la vida encarnación tras encarnación, y perpetuando la existencia al final de los ciclos, con lo que el Rayo de Poder Violeta está más cerca de la liberación espiritual que ningún otro rayo.

Su frecuencia negativa incide principalmente en la soberbia, el orgullo, la crueldad, la tiranía y la prepotencia, así como en la tendencia a la marginalidad o al mal sin conmiseración alguna, es decir, al vicio del poder, que es el abismo más profundo en el que un ser humano puede caer.

Hay que destacar que los conceptos culturales del bien y del mal pueden variar de un contexto a otro, y que a menudo sus referencias no son más que conveniencias morales, porque ningún Rayo de Poder en sí presenta valores negativos o positivos, sino simplemente energía que los humanos traducimos en las acciones de la vida diaria, nada más.

La Luz Eterna y Continua no tiene color ni mezclas ni variaciones, es única y siempre la misma.

Los Rayos de Poder que podemos observar desde nuestra humana perspectiva, hablan más de nosotros mismos que de los Rayos en sí, porque estamos cargados energéticamente con ellos en todo el cuerpo, como bien se refleja en los chacras, glándulas endocrinas o vórtices de energía.

RAYOS DE PODER Y CHACRAS

En una visión más Oriental, los Rayos de Poder se asimilan por sus cualidades y por su color en los vórtices de energía orgánica y espiritual llamados chacras, o las siete principales glándulas endocrinas:

VÓRTICE DE ENERGÍA CORONARIO

Llamado Sahaskara Chakra, emite el Rayo de Poder de color Gris, Lila o áureo florecer de mil colores.

Representa la elevación espiritual y la liberación de las ataduras materiales, mentales y emocionales.

Se activa meditando.

Sahaskara Chakra, el más elevado

VÓRTICE DE ENERGÍA DEL ENTRECEJO

Conocido como el Tercer Ojo o Ajna Chakra, emite el Rayo de Poder de color Índigo o Morado.

Representa la capacidad de visión, apertura mental, capacidad de poder y acción, pureza y trascendentalidad, lucidez y despertar.

Se activa proyectando el pensamiento.

Ajna Chakra, el Tercer Ojo

VÓRTICE DE ENERGÍA LARÍNGEO

Es el Vishuda Chakra de la garganta, que emite el Rayo de Poder de color Azul.

Representa la capacidad de decir y hacer, de plantear y construir, de pasar de la idea a la concreción real, de crear y de administrar lo creado.

Se activa con la palabra, orando, rezando, cantando.

Vishuda Chakra, la energía del habla

VÓRTICE DE ENERGÍA CARDIACO

El Anahata Chakra, emite el Rayo de Poder de color Verde.

Representa la capacidad de experimentar, de sentir y de funcionar, de palpitar y de vibrar, de vivir de manera sólida y consciente, sincera y clara, brillante y dedicada, sin dar lugar ni a la mentira, la comodidad o la falsedad.

Se activa buscando la verdad y renunciando a las creencias, cualesquiera que estas sean.

Anahata Chakra, el vórtice del corazón

VÓRTICE DE ENERGÍA
DEL PLEXO SOLAR

Conocido como Manipura Chakra, emite el Rayo de Poder de color Amarillo.

Representa al ser interno y a sus relaciones con la materia y con el mundo exterior, distinguiendo o separando al Yo del egoísmo y de la vanidad, que ni manda ni obedece, ni se deja seducir por el poder, la fama o la gloria.

Se activa actuando con sencillez, humildad, generosidad, nobleza y lealtad.

Manipura Chakra, la energía del Yo

VÓRTICE DE ENERGÍA SACRO, RENAL O LUMBAR

El básico y estructural Svadisthana Chakra, emite el Rayo de Poder de color Anaranjado.

Representa el funcionamiento interno del cuerpo y del alma, y el control que tenemos tanto de nuestros actos como de nuestras emociones, a la par del cuidado de nuestro organismo con la alimentación y el ejercicio, porque con ello se logra la salud y la longevidad, y se aleja del alma a los malos pensamientos, sobre todo con respecto a la procreación y a la sexualidad.

Se activa respirando y ejercitando el cuerpo y el alma.

Svadisthana Chakra, la energía de la sexualidad

Vórtice de energía base de la columna vertebral o del coxis

El indispensable Muladhara Chakra, emite Rayo de Poder de color Rojo de concreción y actividad.

Representa al andamiaje del cuerpo, la mente, el alma y el espíritu, ya que es el recorrido de abajo hacia arriba y de arriba hacia abajo por la espina dorsal de este Rayo de Poder, depurando al ser a lo largo de la columna vertebral para llegar a lo más alto espiritual y corporalmente hablando.

Se activa concentrándose y moviendo conscientemente la energía vital por toda la columna vertebral pasando por todos y cada uno de los chacras, hasta llegar al chacra coronario, a partir del cual se expande por el universo entero.

También se activa con el Tantra Yoga, o Yoga del Sexo, en un nivel más espiritual que corporal.

Muladhara Chakra

Rayos de Poder y colores del aura

Los Rayos de Poder, además y por si fuera poco, se emiten en todos y cada uno de nosotros en forma de aura, o ese resplandor lumínico y energético que consta por lo menos de dos capas, una transparente como la que emite cualquier cuerpo caliente, y otra más pegada al cuerpo y colorida, a veces de un solo y vibrante color, y otras veces de diversas tonalidades, brillos, colores y hasta pequeños corpúsculos de colores o en sucesivas capas, que se pueden ver con el simple entornado de los ojos, y poniendo al emisor delante de una pared blanca, negra o verde pizarra, por ejemplo.

También se puede fotografiar, como lo hace la técnica Kirlian, o ver en infrarrojos, donde se distingue perfectamente el aura como la emisión de calor del cuerpo, aunque se pierden los colores que contiene.

Hay que mencionar que los colores del aura no son permanentes, pues a menudo responden al estado de ánimo de las personas, así como de su estado de salud y de lo que estén haciendo, sintiendo o pensando en ese momento, por lo que además de no ser fijos, el aura puede tener varios colores a la vez que van cambiando constantemente, encogiéndose y ampliándose, como si de una pequeña galaxia personal se tratara, con estrellas y nebulosas de diferentes colores.

Esos colores son interpretados por el "vidente" con respecto a su propia formación y cultura, pero hay cierto acuerdo en cuanto a los colores más habituales, sobre todo en lo que representa su tonalidad, brillo u opacidad, e incluso composición, mezcla y predominio dentro del aura:

AURA BLANCA

El blanco no es ningún color, sino la suma de todos ellos, por lo que puede reflejar desde una amplia sabiduría natural, como inocencia, sencillez, candidez e ingenuidad, aunque no ignorancia vital.

Si está turbia, manchado o grisácea, puede estar indicando un mal momento para la persona, debilidad, falta de salud o pocos deseos de vivir en este planeta.

Muchos niños suelen tener el aura blanca, sobre todo

cuando están durmiendo; mientras que son muy pocos los adultos que la emanan.

AURA TRANSPARENTE

Es la más habitual y suele conformar o envolver al cuerpo entero, como si de una manta o una capa se tratara.

Los niños menores de siete años suelen verla o percibirla sin entornar los ojos y sin meditar, y la encuentran normal.

Todos los seres vivos que emiten calor o energía, la tienen.

Si es muy amplia es atractiva, carismática y agradable, incluso si no la vemos.

Si está muy pegada al cuerpo, indica timidez, retraimiento y desconfianza hacia los demás, lo que la hace poco atractiva, aunque algo carismática.

La ausencia total puede indicar desgaste, frialdad interna o problemas de salud.

AURA NEGRA U OSCURA

El negro no es un color, sino la ausencia de colores, por lo que puede reflejar negación, ausencia, depresión, malestar en general, y hasta pensamientos destructivos, autodestructivos y pensamientos suicidas.

Si es muy brillante, puede indicar una gran sabiduría aprendida y una no menos elevada inteligencia, lo mismo que una acusada misantropía y un desacuerdo total con el mundo en que se vive, por eso generalmente se le relaciona con la alta magia y con el poder, propio de las élites y de las altas jerarquías.

Mientras más oscura y menos brillante, menos positiva es, y puede ser señal de emociones muy negativas, como la envidia, los celos, la inquina, el rencor y los deseos de deshacerse ilegalmente de lo que le molesta a la persona que tiene este color de aura.

AURA ROJA

Si es brillante y cristalina, indica acción, voluntad, esfuerzo, dedicación, ambición positiva, liderazgo y realización, además de pasión, excitación sexual, fertilidad y virilidad masculina, decisión, acción y concreción.

Si es sólida, refleja capacidad empresarial, tendencia hacia el extranjero, dedicación al gobierno o a la justicia, valor, resistencia y capacidad de desarrollo; a la vez que prodigalidad y visión de futuro.

Si es de un rojo sucio u oscuro, es señal de fanatismo, ceguera mental, enfado, enojo, malestar, conflicto y hasta odio, con la ira a punto de estallar, algo que suelen manifestar los policías, los soldados, los mercenarios, los criminales y los que han perdido el juicio; estado de nervios muy alterados y hasta peligrosos.

Momento de reflexionar y de calmarse.

AURA NARANJA

Cuando es clara y cristalina, refleja ambición de ascenso, fama, reconocimiento, audacia, tenacidad, fuerza de voluntad, y una amplia capacidad creativa; así como paternidad, triunfo, alegría, longevidad y salud de hierro.

No son pocos los artistas y deportistas que emanan este color de aura.

Si el color es sólido, es indicio de estar intentando

quedar bien, de lograr algo, de conseguir lo que se desea, diplomacia y vitalidad, ganas de mejorar día a día, cierta adolescencia y cierta ingenuidad, o hasta maternidad o paternidad primeriza.

Cuando el color es turbio, es señal de inestabilidad sexual o emocional, problemas de sueño, tendencia a los accidentes, caídas, aplastamientos, amenazas que deben evitarse; mala salud, problemas de rodillas y ligamentos, e incluso la pérdida de una parte del cuerpo, o de un ser querido.

Etapa para guardar reposo personal, aunque el aura nunca está en reposo.

El aura nunca está en reposo

Aura Amarilla

Si el color del aura es diáfano y casi transparente, señala vitalidad, inteligencia, agudeza mental, capacidad en diversos campos, facilidad de escritura y de palabra, comercialidad, consecución de sueños, y muy buena capacidad para la docencia y para la actuación.

Si el color es sólido, demuestra madurez, realización personal, consciencia de ser y estar, dotes para dirigir y gerenciar, pero también libertad e independencia mental y económica.

Cuando el color amarillo es turbio o salpicado por otros colores, hay una clara tendencia a la estafa, el engaño, la mentira, la vanidad y el egoísmo mal entendido, o problemas de deudas o con la justicia.
Mal momento para tomar el camino fácil.

AURA VERDE
Cuando el aura verde se presenta diáfana y cristalina, como un aguamarina verde, es indicio tanto de buena salud como de capacidad de curar, así como de servir a los demás y demostrar verdadera empatía con los demás; sociabilidad, sensibilidad, disciplina, cuidado, limpieza, e incluso dotes literarias o poéticas.

Si es de un color sólido y poco o nada transparente, no deja de tener todas las cualidades antes señaladas, si bien es cierto que la persona que la irradie preferirá la soledad y la soltería a la compañía del sexo contrario o de otras personas, sin llegar a ser del todo ermitaña o enemiga de la sociedad, aunque sí la criticará constantemente, dolida de no vivir en un mundo sano y perfecto.

Si aparece turbia, manchada o irregular, señala desasosiego, tendencia a la marginalidad, inmoralidad, abuso de confianza, robo, engaño o dejadez, con peligro obvio y patente de perder la libertad si no se endereza el rumbo.

AURA AZUL
Cuando es color pastel celeste, clara o cristalina, esta aura indica buena voluntad, diplomacia, equilibrio, ca-

pacidad de análisis, concentración, educación, bienestar, sensibilidad positiva, empatía, humanismo, conocimiento, difusión, acogimiento, hospitalidad, creatividad y vocación de servicio.

Si el color es intenso y brillante, puede indicar interés, capacidad de atención, aprendizaje, arte, creatividad, construcción interna y externa, aunque con cierta tendencia a la irritabilidad si la persona no se siente seguida o comprendida.

Cuando el color azul es sucio, grisáceo o irregular, demuestra moralismo, exigencia propia o ajena, clara irritabilidad, manipulación, dependencia, abuso de confianza, inestabilidad emocional y traumas de la infancia que no se han superado.

Aura Índigo o Morado

Como mezcla de los colores azul y rojo, este tono de aura es muy positivo cuando aparece claro y cristalino, expansivo y luminoso, pues indica intuición, visión, elevación espiritual y desapego a las cosas y emociones mundanas, muy propia de los santos, las santas y las personas elevadas en general.

Si se muestra sólido y brillante, es indicio de elevación moral, estado de concentración espiritual o de enseñanza, capacidad de meditación y concentración, deseos de compartir, generosidad emocional y sana disposición de ayudar a los que más lo necesitan.

Cuando aparece débil, superfluo o sucio, señala dudas, esfuerzo contenido, ansiedad, brujería, desconfianza, desvelo, falsas creencias y fanatismo interesado, proselitismo y ganas de compartir los males, o el mal, en lugar de compartir los bienes y el bien.

AURA ROSA

Personalmente nunca he visto un aura ni un Rayo de Poder de color rosa en otras personas, aunque sí en mis propias manos, en las flores y en algunas mascotas, pero si se le menciona con respecto a las personas, es posible que exista o que sea el reflejo de una necesidad de que exista, por los valores adosados tradicionalmente a este color, como el amor de pareja o romántico, la ternura, el cariño, la feminidad bien entendida sin adolescencias ni revanchas, la placidez y la tranquilidad del alma.

El aura rosa que desprenden las manos

Si se presenta clara o color rosa pastel, es señal de amor, sensibilidad y cierto infantilismo, con buena y amable disposición siempre que la persona que la emana se sienta correspondida, entendida o comprendida, de otra forma puede variar del rosa al color rojo intenso o al marrón.

Sólida indica buenaventura, cariño, afecto, compresión, seguridad, sano interés, enamoramiento, capacidad de sacrificio y desprendimiento, aunque con cierta inmadurez o ingenuidad, o rechazo de la realidad.

Si se manifiesta sucia, esta emisión indica celos, despecho, desilusión, hipocresía, deseos de venganza, envidia, odio hacia el triunfo de los demás, indignación, prejuicios y muy poca o nula tolerancia hacia los demás, sobre todo si son nuevos, originales o diferentes.

Más a menudo de lo que parece, los "buenos" y rosados son más peligrosos que los "malos" y oscuros, porque los buenos están convencidos de que lo que hacen, piensan, sienten y creen es lo correcto, incluso si se trata de matar, reprimir, engañar, masacrar o invadir a un pueblo entero que no piensa como ellos; mientras que los malos, por más que justifiquen sus actos y gocen de impunidad, dudan y saben que lo que hacen no es del todo correcto.

AURA TORNASOLADA

Este color de aura es raro y excéntrico, pero existe, y refleja una mente activa, estudiosa, curiosa y hasta sarcástica, crítica o cómica, cuando es claro y transparente.

Si se manifiesta de una manera más sólida, pero siempre en movimiento, refleja cierta y aparente frialdad con lo que sucede a su alrededor, incluso cierta hostilidad o desprecio; así como inseguridad, sensibilidad reprimida, sentimientos de culpabilidad, a pesar de gozar con un gran y agudo intelecto, con una especial visión sobre el remoto pasado y el remoto futuro, tanto arqueológico como tecnológico, además de esotérico.

Cuando está sucia es peligrosa como una bomba a punto de estallar, por lo que es prudente alejarse de ella.

AURA ACUOSA

El aura acuosa y con tonalidades marinas que van del rosa al azul verdoso o el amarillo anaranjado al verde azulado, es reflejo de una gran sensibilidad para las artes, las ciencias (sobre todo las sociales) y los negocios, sin dejar de manifestar y practicar un gran y verdadero altruismo.

Mientras menos transparente, menos sensible, pero igualmente talentosa, y con una acusada sensualidad o sexualidad que no sabe de morales ni de constricciones.

Si aparece sucia, es señal de intoxicación física o sentimental, malestares hepáticos o celos descontrolados, incapacidad para razonar, y con la decisión de darlo todo, bueno o malo, sin importar las consecuencias.

Aura Gris Metálica o Plateada

Es el aura de las utopías, los sueños, los ideales, el misticismo, la alquimia, la astronomía, la informática, la física cuántica y los saberes más elevados tanto a nivel físico como a nivel espiritual.

Mientras más intensa sea, transparente o sólida, indica una sensibilidad muy diferente a la que estamos acostumbrados, por lo que puede parecer muy fría, pero no lo es, simplemente es más elevada, y con cierta tendencia a despreciar profundamente a la ignorancia y a las masas.

Los puntos negros o sucios que presenta, no son más que obstáculos o problemas a superar y a solucionar, si bien es cierto que dichas superaciones o soluciones pueden no ser lo que más desea o espera la sociedad, porque pueden ser del todo radicales y destructivas, como tantos inventos de la humanidad que al principio parecían buenos, pero que han terminado siendo un desastre para la mayoría.

AURA DORADA

Si no fuera por el egoísmo monstruoso que despierta, la prepotencia, la arrogancia, la vanidad y el terrible complejo de superioridad, este color de aura sería de los mejores y de los más celebrados, pues contiene valores positivos como la nobleza, la templanza, la generosidad, el brillo personal y el don para mandar y embellecer todo lo que toca.

Cuando se presenta radiante y luminosa, es pura fantasía o ilusión que suele deslumbrar a los demás, lo que hace más petulante a la persona que la irradia, aunque no lo quiera, pues son el resto los que le rinden pleitesía por pura sumisión y sentimiento de inferioridad. Por supuesto, muchos famosos, con méritos de serlo o no, irradian este color de aura.

Si es de tonalidades pastel y luce sin brillos excesivos, es señal de bonhomía, sinceridad, afecto y protección propia y ajena, con verdaderos deseos de hacer las cosas bien, riqueza o fortuna y suerte en los juegos de azar.

AURA MARRÓN O CAFÉ OSCURO

Suele ser el aura de los policías, los soldados, los tiranos sangrientos, los mercenarios, los sicarios, los políticos y los criminales terribles y asesinos en general, sobre todo si se emana muy sucia, oscura y revuelta.

Cuando es sólida y brillante, es el aura de los químicos y los investigadores, de las más elevadas brujas, hechiceras, magas, sacerdotisas y guardianas del Fuego Eterno o de los secretos más insondables de la humanidad.

Mientras que, si es limpia, cristalina y casi transparente, es el aura de la gente formal, trabajadora, responsable, cumplidora, algo asocial pero benévola y sensible, discreta y confiable, como lo es, aunque no lo parezca, el grueso intermedio de la humanidad.

Pero si su color es como la sangre seca, entre rojo oscuro y marrón, es una pésima señal, tanto para quien la emite como para los que le rodean, pues es señal de conflicto, guerra, accidente, ira descontrolada o muerte.

Todos y cada uno de nosotros, dependiendo de nuestro signo natal, emitimos un Rayo de Poder básico y de un color determinado que podemos utilizar para superarlo o para sacarle el mejor provecho a esta vida, como veremos en los próximos capítulos.

Si tu Rayo es positivo, poténcialo; y si es negativo, supéralo. No hay más.

II
EL RAYO DE PODER
DE ARIES
(21 DE MARZO-20 DE ABRIL)

No hay más Rayo de Poder
que el nacer, crear, crecer,
amar, reproducirse
y llegar satisfechos
al resplandor rojo
del más allá.

Aries es el primer sembrado, la primera manifestación como Rayo de Poder sobre la faz de la Tierra, el inicio del año en los antiguos calendarios, la llegada de la primavera y de las cosechas, el florecimiento de la vida, el inicio de todo.

Sus primeras etapas son muy primitivas y salvajes, a menudo de apariencia tímida, pero de respuesta irascible al verse en peligro o acorralado por las circunstancias.

Su expresión masculina es fuerte y naturaleza apasionada en los primeros diez días del signo (primer decanato); algo refinada en el segundo decanato, y más evolucionada en el tercer decanato.

Su expresión femenina es fuerte y tan capaz como la expresión masculina, independientemente de su aspecto, más primitivo en el primer decanato, con cierta belleza física en el segundo decanato, y algo frágil e insegura en el tercer decanato, pero siempre fuerte, independiente, apasionada y ambiciosa en los tres decanatos, gracias a la emanación del Primer Rayo de Poder, de color Rojo intenso como una llamarada del Sol sobre Marte, su planeta regente.

El Sol es la fuente más directa que tenemos de la difusión de los Rayos de Poder sobre el planeta y sobre los seres que la habitan, con intermediarios, los planetas, que la reflejan y le dan potencia.

La hora del nacimiento marca el ascendente de cada signo, abriendo las casas por donde va circular durante 24 horas, con dos horas para cada signo ascendente, a partir de las 6 de la mañana hasta completar el ciclo.

Cada ascendente de Aries emana un Rayo de Poder determinado, el Rojo en este caso, que se instala en el alma desde el nacimiento hasta la muerte, y que se expresa y activa de manera espontánea y mezclándose con los otros rayos de sus signos hermanos, lo que le da unas características diferentes en cada etapa de su vida y desde su nacimiento, por lo que no es lo mismo ser un Aries ascendente Aries, todo pasión y decisión, que un Aries ascendente Piscis, más inseguro e incierto en sus elecciones, pero con una mayor capacidad artística, artesanal y emocional:

EMANACIONES EXISTENCIALES DEL ALMA ORIGINAL DE ARIES

Aries ascendente Aries, primera emanación del alma original de Aries, de las 6 a las 8 de la mañana, es el Rayo de Poder Rojo, dando lugar a una persona reactiva, decidida, apasionada, irreflexiva, ambiciosa, con deseos de destacar y ser la número uno en todos los planos.

Personalidad

La existencia es vida y la vida es acción, crecimiento y conquista, de talante marcial y aventurero, valiente y sin miedo a las consecuencias.

Su mayor defecto es la falta de conciencia y de conocimiento, lo que a menudo le lleva al conflicto, pero rara vez al arrepentimiento.

Salud

Su constitución orgánica es más fuerte que resistente, y domina la cabeza y la circulación sanguínea, con una clara tendencia a los enfrentamientos y a los accidentes.

Dinero

Tiene una gran capacidad de medrar y de obtener lo que desea, sea por los medios que sea, por lo que le acompañará más la ambición, la insistencia y la voluntad, que los juegos de azar o la simple fortuna.

Amor

Suele formar relaciones amorosas y sexuales tradicionales, con pareja estable, hijos y ambiente familiar, aunque la fidelidad no es su fuerte.

Aries ascendente Tauro, segunda emanación del alma original de Aries, de las 8 a las 10 de la mañana, es la mezcla de los Rayos Rojo y Azul, con lo que se emana un Rayo de Poder Granate o Índigo.

Personalidad

Más sosegada de lo esperado y con capacidad de administrar sus pasiones, tanto, que a menudo no parece Aries, aunque siempre quiere lo mejor para sí mismo y ser el número uno en todo.

Salud

Debe cuidar, además de la cabeza, la frente y la circulación sanguínea, el cuello y la garganta, y evitar el estrés interno en medida de lo posible.

Dinero

Buenas habilidades para los negocios en los hombres, y para las artesanías y el comercio en las mujeres. En ambos casos a menudo hay desconfianza hacia los colaboradores, o sensación de estar siendo engañados.

Amor

Los amores, si no estables del todo, pueden ser muy duraderos, aunque con cierta intermitencia en lo que a las pasiones se refiere. Dificultades para librarse de los compromisos amorosos.

Aries ascendente Géminis, tercera emanación del alma original de Aries, de las 10 de la mañana a las 12 del mediodía, es el Rayo de Poder Anaranjado.

Personalidad

Personalidad activa, comunicativa y desenfadada, algo infantil y hasta ingenua, que suele resultar muy agradable para los demás, haciendo que destaquen sus mejores virtudes sociales.

Salud

Debe tener cuidado y no actuar irreflexivamente, porque hay tendencia a los accidentes, además de cierta debilidad en manos, brazos y vías respiratorias.

Dinero

El dinero nunca será un problema real, aunque hay tendencia a ciertas frustraciones al no poder conseguir todo lo que se desea, ya que si bien tendrá solvencia, raras veces tendrá verdaderas y elevadas riquezas.

Amor

Las exigencias con respecto a la pareja pueden frustrar varias relaciones, quedando más en amistad o simpatía que en verdadero deseo de llegar a algo más, sobre todo con las personas de Géminis.

Aries ascendente Cáncer, cuarta emanación del alma original de Aries, de las 12 del mediodía a las 2 de la tarde, es el Rayo de Poder Índigo.

Personalidad

Algo retraída y más sensible de lo esperado, incluso un poco antisocial y hasta con ciertos complejos de inferioridad o timidez que inhiben su potencial acción. La paciencia es buena, pero demasiada paciencia es pérdida de tiempo.

Salud

Su salud puede verse afectada desde diferentes frentes, aunque no graves, pero sí molestos, sobre todo a nivel estomacal por comerse las emociones y los sentimientos. Exprese correctamente lo que sienta y piense, no se quede callado.

Dinero

A trancas y barrancas, pero al final con buenos resultados, ya que la insistencia y la resistencia suelen dar beneficios a largo plazo. Buenas posibilidades en los deportes y en las profesiones que requieran un serio esfuerzo diario.

Amor

Tendencia a la estabilidad familiar, al matrimonio tradicional y a la vida con hijos y con pareja, pues tiene un gran sentido de la responsabilidad afectiva, con momentos de pasión algo rara, pero asegurada.

Aries ascendente Leo, quinta emanación del alma original de Aries, de las 2 a las 4 de la tarde, es el Rayo de Color Dorado-Carmesí.

Personalidad

No todo lo que relumbra es oro, ni todo lo que no relumbra es negativo, por lo que a veces se moverá entre el ego exagerado y en otras ocasiones sentirá que no es nadie. Ponga las cosas en su justo medio y vivirá mejor.

Salud

Hay que cuidar, además de la salud de la sangre y de su circulación por todo el cuerpo, al corazón, pues ese es su punto débil. Con la edad los achaques se dirigirán a la zona lumbar o a la columna vertebral en general.

Dinero

Si no se sabe administrar y quiere estirar más el brazo

que la manga, puede gastarse fortunas enteras, incluso si nace en alta cuna o si le toca la lotería, pues su afán de gastar y lucir es exagerado. Buenas habilidades para la gastronomía.

Amor

No va a ser fácil encontrar a alguien que le adore y le tenga como a un rey o a una reina, pero no dejará de intentarlo. Sin embargo, hay una muy buena capacidad en lo que a maternidad o paternidad se refiere.

Aries ascendente Virgo, sexta emanación del alma original de Aries, de las 4 a las 6 de la tarde, es el Rayo de Poder Marrón verdoso o Café Claro.

Personalidad

Cuando la vanidad acompaña al ego, el resultado puede ser desastroso, y, lo peor, es que el Aries ascendente Virgo no se da cuenta de lo pomposo que puede llegar a parecer a los ojos de los demás. Cierto atractivo personal y vocación de servicio a pesar de todo.

Salud

Cuide especialmente sus intestinos y la calidad de los alimentos que ingiere, procure no ser su propio médico, sea humilde y busque ayuda cuando la necesite. No se opere para complacer a otros.

Dinero

En la novela económica de la vida puede rondar siempre lo justo, a pesar de sus dones y habilidades, porque el orgullo le impide venderse en lo que vale, ya que siente que se rebaja cuando pide demasiado. Las recompensas llegarán algo tarde.

Amor

Siempre a la espera de que la otra persona tome la iniciativa, no es muy buen sistema de relaciones amorosas. No tema al rechazo, tome la iniciativa.

66

Aries ascendente Libra, séptima emanación del alma original de Aries, de las 6 de la tarde a las 8 de la noche, es el Rayo de Poder Guinda.

Personalidad

Buena capacidad para la construcción, la mecánica y la electrónica, e incluso para la belleza y la jardinería, lo que hará que parezca algo alejado de los demás y muy centrado en sus vocaciones, porque se entiende mejor con las cosas que con la gente que le rodea.

Salud

Su parte más débil y sensible son los riñones, aunque también debe tener especial cuidado con su contradictoria salud mental, que puede llevarle a la ira y la rabia de un momento a otro. Respire y controle su temperamento.

Dinero

Buena capacidad para las cuentas y para el ahorro, incluso si es profesionista libre y autónomo y no empleado. De cualquier manera, debe de ser más cuidadoso con su patrimonio y no cederlo a cualquiera.

Amor

Sus amores y pasiones pueden ser tan raros como conflictivos, conformándose con familias ya hechas, en lugar de formar la propia; o de cambiar de pareja para repetir la misma historia. Sin embargo, posibilidad de encontrar su alma gemela en Libra.

Aries ascendente Escorpio, octava emanación del alma original de Aries, de las 8 a las 10 de la noche, es el Rayo de Poder de Bronce.

Personalidad

Taciturna, enigmática, dura, extraña, marcial, disciplinada y explosiva, difícil de entender y de controlar, pero leal y segura, tanto para bien como para mal.

Salud

A pesar de gozar de una gran fortaleza física, atlética y firme, se intoxica con facilidad y la sangre no le fluye como debiera, lo que puede afectar sus funciones sexuales y su fertilidad incluso en la juventud. Piense positivamente.

Dinero

Lo necesario para llevar una vida decente y con cierta seguridad económica, pues además de tener facilidad para la milicia y sus derivados, la tiene para la química, el dibujo y las ciencias ocultas.

Amor

Explosivo, sin dudas, el problema es que una vez pasada la explosión queda poco lugar para el entendimiento y la convivencia. Sin embargo, no sería raro que encontrara su media naranja en el lugar menos esperado.

Aries ascendente Sagitario, novena emanación del alma original de Aries, de las 10 de la noche a las 0 horas, es el Rayo de Poder Rojo Intenso.

Personalidad

Viva y activa, decidida y emprendedora, algo tacaña y aprovechada, pero con don de gentes y hasta cierto sentido de la justicia e ideales elevados. Sin embargo, debe tener cuidado de no caer en sectas ni fanatismos.

Salud

La vista, los ligamentos, las caderas, la obesidad y los excesos cotidianos pueden pasarle factura tarde o temprano, con el agravante de que es poco humilde para escuchar los consejos ajenos.

Dinero

Bien dicen al señalar que el dinero no hace ni trae la felicidad, aunque la imita a las mil maravillas, por lo que es posible que el dinero, aunque lo goce y lo disfrute, nunca le satisfaga del todo. Sabe cómo ganarlo o conseguirlo.

Amor

El amor puede ser un estado tan idílico, que quizá nunca lo alcance en su plena forma, aunque es muy probable que forme familia y tenga herederos y descendencia, pues así le enseñaron que debe ser, incluso si no es perfecta.

Aries ascendente Capricornio, décima emanación del alma original de Aries, de las 0 horas a las 2 de la madrugada, es el Rayo de Poder Naranja Intenso.

Personalidad

Cada vez falta menos para llegar a la cima y conquistar lo que se desea, pero a veces el lograr la meta llena de insatisfacción tras la alegría del triunfo, por lo que deberá proponerse nuevas metas. Relájese, nos vamos a morir igual.

Salud

Huesos, ligamentos, articulaciones, insomnio, tendencia a las caídas, las lesiones y las contusiones, o al simple desgaste de una vida agitada y exigente, son los puntos de salud que debe cuidar.

Dinero

Nunca le ha de faltar, aunque le falte, pues tendrá cobijo familiar, de las amistades o hasta de la Diosa de la Fortuna, que le traerá el éxito en el momento menos esperado. De cualquier manera, usted tiene las habilidades suficientes para triunfar.

Amor

El amor es una cosa esplendorosa que se puede conseguir con voluntad y perseverancia para formar una familia que le permita ejercer la paternidad o la maternidad como debe ser y mandan los cánones. Suerte en el amor.

Aries ascendente Acuario, undécima emanación del alma original de Aries, de las 2 a las 4 de la madrugada, es el Rayo de Poder Gris Metálico.

Personalidad
Sincera y amistosa, aunque a veces algo excéntrica o extraña para los demás, que no alcanzan a comprender sus sarcasmos o su sentido del humor, demasiado intelectual o inteligente para quienes le rodean. No cambie.

Salud
Con algunos problemas neurológicos y uno que otro achaque persistente desde la primera madurez, pero relativamente sano y longevo, por más que diga que quiere morir joven y guapo.

Dinero
De manera regular y a menudo sin esforzarse demasiado por obtenerlo, con buenas habilidades para las ciencias, la docencia, la investigación y la creación de nuevos descubrimientos, sin dejar de lado la farándula, el cine o el teatro.

Amor
Aunque no lo parezca por lo rara persona que es, siempre encontrará quién la quiera y la comprenda, e incluso quién la mantenga y no le exija demasiado, aunque sí su aguante y su presencia.

Aries ascendente Piscis, duodécima emanación del alma original de Aries, de las 4 a las 6 de la mañana, es el Rayo de Poder Rosa Plateado.

Personalidad
Activa, cambiante, voluble, pesada, contradictoria, ar-

tística, humanitaria, excesiva y hasta desconcertante, para usted y para quienes le rodean, pero a pesar de todo atractiva y agradable en los momentos más curiosos y sensibles de la vida.

Salud

Además de una tendencia a los vicios y las adicciones, la circulación sanguínea, los pies y el hígado serán sus puntos débiles, por lo que debe intentar cuidarse y no dejarse llevar por los malos ejemplos.

Dinero

O todo, o nada, desde lo más paupérrimo hasta lo más abundante, con muy buenas capacidades y dones para el triunfo en diversos ámbitos, que van desde el arte a los grandes negocios pasando por la medicina, porque en realidad no le interesa.

Amor

De todos los colores y sabores, prohibidos y legales, raros y funcionales, conflictivos y pecaminosos, o suaves, castos y puros como la seda, con el monstruo verde de los celos siempre en acecho para convertir en drama o tragedia cualquier comedia.

Activación

En todos los casos de Aries y sus respectivos ascendentes, su Rayo de Poder Rojo y sus derivados se activa actuando, decidiendo y eligiendo, de la manera más libre e independiente posible.

Aries es la decisión, la acción y la conquista de los ideales que se expresan a través de su Rayo de Poder, no dejes que nada te desvíe de ello.

Ten presente que todos los subrayos son experiencias, no obligaciones.

Activa tu Rayo de Poder Rojo y consigue lo que deseas.

III
El Rayo de Poder
de Tauro
(20 de abril al 20 de mayo)

Azules son los devas,
azul es el cielo
y parte del mar,
azul es el color de la mente
y de la voluntad de amar.

Tauro es la segunda emanación de los Rayos de Poder sobre la Tierra, la segunda raza madre, según algunas teorías, tras haber dejado en la ruina al planeta Marte, regente de Aries, para enfocarse en un lejano futuro a Venus, tras haber agotado el mundo en que nos encontramos, si es que no nos extinguimos antes.

Hoy la ciencia vuelve a Marte para ver si es habitable, olvidando (o no contándole a los demás) que hace algunos miles de millones de años sí lo era, y porque a Venus, el regente de Tauro, aún le faltan algunos miles de millones de años para madurar y permitir la vida humana dentro de sus fronteras.

Las leyendas a menudo son más reales que la dura realidad, y el Rayo Azul de Tauro nos lo demuestra día a día, vida a vida, existencia tras existencia.

El hombre Tauro del primer decanato es un becerro; el del segundo un toro; y del tercero un buey apacentado. Siempre fuerte, siempre inseguro, siempre glorioso.

La mujer Tauro del primer decanato es una linda becerra aventurera; del segundo una vaca loca y lechera; y del tercero una vaca sin cencerro. Siempre dependiente que cree que con su compañía es suficiente.

Cada ascendente de Tauro emana un Rayo de Poder determinado que se instala en el alma desde el nacimiento hasta la muerte, y que se expresa y activa de manera espontánea.

73

EMANACIONES EXISTENCIALES
DEL ALMA ORIGINAL DE TAURO

Tauro ascendente Tauro, primera emanación del alma original de Tauro, de las 6 a los 8 de la mañana, es el Rayo de Poder Azul Cielo.

Personalidad

Continua afirmación del ser y del estar, práctico, pragmático y astuto, dispuesto a medrar como haga falta para salir adelante y alcanzar sus objetivos, para lo cual no le faltan talentos.

Salud

Su punto débil es la garganta, pero a menudo también tiene problemas de sinusitis y de problemas en los oídos. Por lo demás es fuerte, cachazudo y longevo.

Dinero

No hay empresa que se le resista ni trampa que se niegue a hacer para ganar lo suficiente para una buena vida. No es tacaño para sus gustos y para sus vicios, pero odia compartir con los demás. Sus juguetes son suyos y de nadie más.

Amor

Las relaciones amorosas pueden ser muy estables, sobre todo si se ama a sí mismo y si no tiene complejos de inferioridad de clase, pues la ambición a veces le ciega y confunde el amor con la posición social o económica.

Tauro ascendente Géminis, segunda emanación del alma original de Tauro, de las 8 a las 10 de la mañana, es el Rayo de Poder Azul amarillento.

Personalidad

Cuenta con una gran capacidad para transmitir posibilidades de ganancias, de lograr triunfos o de conseguir mucho con poco esfuerzo, lo que lo convierte en un gran encantador de serpientes, donde los defraudados incluso se lo agradecen.

Salud

Las vías respiratorias en general, desde las narices hasta los pulmones, pasando por la garganta, son su punto débil y fuerte. Adora tatuarse y las novedades tecnológicas de los videojuegos, que no lo matan, pero que sí le quitan el sueño.

Dinero

Es muy hábil para vender lo que sea, por lo que de una o de otra manera siempre tendrá lleno el monedero, con el feo defecto de no saber pagar las deudas a menos que de verdad se vea en un aprieto legal.

Amor

La fidelidad no es lo suyo, sin embargo, puede llegar a ser leal con algunas personas o exparejas. Vende muy bien la seducción, pues sabe endulzar sus palabras, pero se aburre pronto de sus propios dichos y convenios. Sólo si le conviene.

Tauro ascendente Cáncer, tercera emanación del alma original de Tauro, de las 10 de la mañana a las 12 del mediodía, es el Rayo de Poder Lila azulado.

Personalidad

Amorosa y sensible, aunque a veces algo ruda, como la de los campesinos de montaña; muy paternal o maternal incluso con los que no son sus hijos. Suele ser muy responsable, por lo menos hasta que la luna cambie y se enfade.

Salud

Tiene cierta tendencia a la depresión y el desánimo, sobre todo cuando no se le estimula adecuadamente. La garganta, las vías respiratorias y el estómago son sus puntos débiles. La obesidad o la excesiva delgadez pueden afectarle.

Dinero

Nadie mejor para el ahorro y para las cuentas que Tauro ascendente Cáncer, aunque a veces comete errores garrafales que le cuestan mucho dinero, pero sabe recuperarse o recargarse en otros para salir adelante.

Amor

Es buena pareja por lo general, ya que sabe jugar el rol de padre, madre o hijo con la pareja, y tiene buena disposición para perdonar y dar segundas y hasta terceras oportunidades a las personas que quiere.

Tauro ascendente Leo, cuarta emanación del alma original de Tauro, de las 12 del mediodía a las 2 de la tarde, es el Rayo de Poder de color Azul luminoso o dorado.

Personalidad

Su hogar y su cuerpo son su templo, por lo que hará todo lo posible para vivir en un entorno agradable y hasta lujoso. Sabe aprovechar todo tipo de oportunidades y tiene muy buena suerte con las herencias, y cuenta con uno que otro talento.

Salud

No es muy buena, ya que los problemas cardiacos lo amenazarán siempre, además de cierta tendencia a recibir palizas por su curioso y ventajoso comportamiento. La espalda será su tormento.

Dinero

No se puede negar que tiene, además de talentos, muy buena suerte para los negocios y para el dinero en general, que más de una vez le caerá del cielo, y que también alguna vez perderá por su propia desvelada e ingenua ambición.

Amor

No suele ser muy afortunado en el amor normal, común y corriente, pero tendrá todo el amor que pueda pagar y presumir; y, a pesar de todo, no es nada raro que forme un hogar si lo considera necesario y conveniente.

Tauro ascendente Virgo, quinta emanación del alma original de Tauro, de las 2 a las 4 de la tarde, es el Rayo de Poder Azul verdoso.

Personalidad

Algo rara y contradictoria, con muy buenos inicios y pésimos finales, capaz de lo mejor y de lo peor, con dones y talentos que desperdicia por pura comodidad o pereza, y algunos defectos físicos y morales que prefiere mantener ocultos.

Salud

Diversos achaques a lo largo de la vida le tendrán siempre cerca del médico, e incluso pequeñas malformaciones genéticas y dentales, pero que no ponen en peligro su vida ni malversan del todo su atractivo o belleza física.

Dinero

Esta combinación no es de grandes riquezas, aunque sí de muy buena suerte para depender de los demás y llevar una vida relativamente cómoda y sin tener que trabajar en exceso. El establo siempre es el lugar más seguro.

Amor

Cuenta con el suficiente atractivo y apariencia como para recibir amor de las diferentes parejas, aunque al final puede resultar un fiasco para los demás, pues la tendencia a traicionar le gana, ya sea por interés, por envidia, celos o venganza.

Tauro ascendente Libra, sexta emanación del alma original de Tauro, de las 4 a las 6 de la tarde, es el Rayo de Poder Azul marino.

Personalidad
Doblemente atractiva, por gozar la doble influencia de Venus, regente de ambos signos, pero con los problemas de inseguridad de siempre, y el deseo de no hacer ruido, pero a la vez no soportar el ruido que hacen los que le rodean.

Salud
Normalmente buena, con algunas afecciones renales y de las amígdalas, y de identidad personal, que no le restan belleza física ni le dan mayores problemas orgánicos, aunque sí le obligarán a rutinas y dietas específicas para sus problemas.

Dinero
Conformista, capaz incluso de renunciar a la libertad con tal de tener lo suficiente a fin de mes durante toda la vida. No es que no le guste, pues hasta se excita cuando lo recibe, pero la inseguridad le mata y prefiere el poco que dure.

Amor
Capaz de enamorarse de lo peor y de soportar cualquier cosa por ese amor, pero también capaz de cambiarlo por otro más conveniente que no le eche en cara su ignorancia o sus deficiencias mentales o morales. Amor y odio casi inseparables.

Tauro ascendente Escorpio, séptima emanación del alma original de Tauro, de las 6 de la tarde a las 8 de la noche, es el Rayo de Poder Marrón azulado o metálico.

Personalidad

Filosófica, estudiosa, ordenada, tenaz y hasta elevada, pero no del todo sincera o franca, ya que los intereses, el egoísmo y los secretos personales, a menudo le juegan malas pasadas y le deprimen más de la cuenta.

Salud

Más o menos buena, con algunos problemas dentales y estados nerviosos que le provocarán nódulos en el cuello; cierta tendencia al alcoholismo que muchos consideran normal, y una longevidad aceptable.

Dinero

El suficiente para ir pasando, ya que, si bien es egoísta, tampoco le gusta andar pidiendo a los suyos ni depender de los demás; por supuesto, es capaz de aprender y enseñar lo que sea, y de ganarse la vida con ello. Carisma y suerte.

Amor

Antes de lanzarse de cabeza al celibato o la soltería, es muy posible que pruebe todas las facetas de las relaciones sexuales y sentimentales, hasta darse cuenta de que tampoco era para tanto. Poca tendencia a la maternidad o a la paternidad, y, sin embargo, con Escorpio puede encontrar al amor de su vida.

Tauro ascendente Sagitario, octava emanación del alma original de Tauro, de las 8 a las 10 de la noche, es el Rayo de Poder color Índigo.

Personalidad

Se puede poner tranquilamente el mundo de montera, pues tiene una gran proyección para los negocios y los estudios en el extranjero, aunque siempre tendrá un pie en casa. Expansividad hasta donde se pueda.

Salud

Generalmente de buena a muy buena, aunque a veces la garganta y las caderas le den problemas circunstanciales. Cuidado con las carreras y con las caídas; mire bien donde pise y dónde habita. Buena longevidad.

Dinero

No todo el que quiera, pero sí puede ser abundante en algunas etapas de su vida, sobre todo si se dedica a las empresas o a las relaciones internacionales, con la diplomacia y la política de por medio.

Amor

Buenos amasiatos y diversas aventuras sexuales y emocionales a lo largo de su vida, incluso un par de buenos matrimonios o de descendientes, pero ciertas dificultades para las relaciones estables o fijas.

Tauro ascendente Capricornio, novena emanación del alma original de Tauro, de las 10 de la noche a las 0 horas, es el Rayo de Poder Naranja azulado.

Personalidad

Triunfadora de entrada, incluso si no se cree sus propios triunfos y virtudes, porque serán los demás los que se los reconozcan. El carácter puede ser a menudo algo hosco y aparentemente frío, pero pronto esa capa desaparece y sale la buena persona que lleva dentro.

Salud

Puede ser de una gran longevidad, incluso si padece alguna enfermedad hereditaria o crónica; las piernas y las rodillas le darán molestias, y hasta es posible que sufra alguna lesión deportiva. Entrene, pero cuídese.

Dinero

No será ningún problema, pues nazca o no nazca entre

pañales de seda, a lo largo de su vida tendrá muy buenas oportunidades de ascenso y las relaciones necesarias para llegar muy lejos. Aprovéchelas.

Amor

En el amor no habrá demasiados misterios si encuentra a una pareja sólida y duradera, que no busque más aventuras que la seguridad y la estabilidad. Amor que nace de la amistad y del entendimiento mutuo. No maltrates a quién te ama.

Tauro ascendente Acuario, décima emanación del alma original de Tauro, de las 0 horas a las 2 de la madrugada, es el Rayo de Poder Plata azulada.

Personalidad

Carácter paternal y de buen entendimiento, con algunas habilidades para la música, la historia y la filosofía, a pesar de su proverbial inseguridad personal que tan a menudo piensa que vale mucho menos de lo que vale en realidad.

Salud

Con algunos problemas nerviosos y de faringitis, pero buena en general. Cuide sus dientes y evite los excesos en las bebidas. La mente lo puede todo, así que piense y actúe de manera positiva. Larga y provechosa vida.

Dinero

Es posible que la academia, o las artes, le den lo suficiente para vivir con dignidad, además de que siempre contará con quien le quiera bien y le eche una mano si lo necesita. Un poco más de ambición no le vendría nada mal.

Amor

Los amores presentan algunos líos y deslealtades en la juventud, con algunos fracasos y depresiones asociadas, ya que la fidelidad ni la lealtad serán sus fuertes, aunque alguna vez lo intentará. Tendencia a la soltería.

Tauro ascendente Piscis, undécima emanación del alma original de Aries, de las 2 a las 4 de la madrugada, es el Rayo de Poder Gris Azul acuoso.

Personalidad

Algo cambiante e inestable, pero con un gran talento para las artes, desde la pintura hasta el canto, y desde la escultura hasta la narrativa o los ensayos académicos. Creativa y pensativa, pero sin despreciar los excesos y los placeres de la vida.

Salud

Mejor de la que tengan sus acompañantes de vida, pero con ciertas deficiencias en el hígado y el esófago. El exceso de entrenamiento o de ejercicio puede ser del todo contraproducente para su salud. Mesúrese.

Dinero

A veces mucho, a veces poco e incluso nada, pero a pesar de todo no pasará muchas dificultades, aunque sí muchos nervios cuando se lo ha gastado todo sin pensar en el mañana. La suerte, aunque sea mínima, siempre le acompaña.

Amor

Aunque es muy posible que pruebe las mieles de un matrimonio más o menos sólido, con hijos y duradero, sus emociones y sus sentimientos, así como sus relaciones amorosas y sexuales, serán algo desorbitadas. Procure encontrar el punto medio.

Tauro ascendente Aries, duodécima emanación del alma original de Tauro, de las 4 a las 6 de la mañana, es el Rayo de Poder Granate.

Personalidad

A menudo tendrá la sensación de que lleva un peso en la espalda, y ese peso no es otra cosa que su propio carácter, que no quiere molestar ni ofender a nadie, pero que a de vez en cuando se le escapa y estalla.

Salud

Hay tendencia a los accidentes y descalabros, debido a la intemperancia de su carácter, que quiere ser más valiente o violento de lo que en realidad es. La circulación sanguínea no le acompaña, y su corazón es algo débil. Cuídese.

Dinero

Puede disfrutar de todo el oro del mundo, y sin embargo no sentirse satisfecho, pues no hay suficiente dinero en el mundo para llenar los vacíos que llevamos dentro. De cualquier manera, como los títulos universitarios, es mejor tenerlo que no tenerlo.

Amor

El amor, o el sentirse amado, querido y respetado, puede ser su talón de Aquiles, pues cree o siente que sin una pareja estable no puede seguir adelante, cuando ese pensamiento es solo una ilusión. Ámese a sí mismo y ame a los demás sin esperar nada a cambio, y será más pleno y feliz de lo esperado.

Activación

En todos los casos de Tauro y sus ascendentes, su Rayo de Poder con sus variaciones se activa meditando y filosofando de verdad, algo que raras veces suele hacer.

Tauro es el poder de la mente, la filosofía y la reflexión a través de su Rayo de Poder, no dejes que nada ni nadie te desvíe de tu sendero.

Toda experiencia vital, positiva o negativa de cada ascendente y respectivo subrayo, es para mejorar y superarte siempre.

Activa tu Rayo de Poder Azul y consigue lo que deseas.

IV
EL RAYO DE PODER
DE GÉMINIS
(21 DE MAYO AL 20 DE JUNIO)

A través de las dos columnas
de la entrada a la existencia,
resplandece un rayo de oro
y el nacer de una quimera
que pronto se hará realidad.

Géminis es la tercera camada de la humanidad en esta Tierra, y esotéricamente es el hijo, o los hijos gemelos, de Aries y Tauro, dando un curioso paso evolutivo en el desarrollo de las almas y de los cuerpos, con un Rayo de Poder Amarillo (algunos dicen que Verde Amarillo), algo infantil e ingenuo, pero que abre las puertas a nuevos campos y derroteros de los que Aries y Tauro no se ocupan para nada.

Los gemelos, por otra parte, no nacieron de un día para otro y como tales, sino que fueron las Columnas de la entrada del Templo del Conocimiento, la Sabiduría y la Magia, una magia que hoy en día es ciencia, lo que le da al signo y al Rayo Amarillo de Poder que le acompaña, un carácter práctico y analítico a pesar de su juventud, pues entiende que no hace falta sufrir ni obsesionarse para conseguir entrar en el Sendero Místico de la vida.

La mujer Géminis suele ser más astuta que el hombre del mismo signo, más práctica (aunque a veces se disfrace de sensibilidad), y un poco más madura; mientras que el hombre Géminis tiende a padecer el síndrome de Peter Pan, tanto física como anímicamente (aunque a veces lo disfrace de seriedad y madurez).

En el primer decanato se encuentran los y las géminis más infantiles y más hipocondriacos del zodiaco, incluso más que las personas Sagitario; en el segundo decanato los eternos adolescentes, caprichosos y rebeldes, pero dependientes de las jerarquías; y en el tercer decanato los aparentemente maduros, profesionistas de renombre, políticos, escritores o doctores, porque de médico, poeta y loco todos tienen un mucho y no solo un poco.

Cada ascendente de Géminis emana un Rayo de Poder determinado que se instala en el alma desde el nacimiento hasta la muerte, y que se expresa y activa de manera espontánea:

EMANACIONES EXISTENCIALES DEL ALMA ORIGINAL DE GÉMINIS

Géminis ascendente Géminis, primera emanación del alma original de Géminis, de las 6 a los 8 de la mañana, es el Rayo de Poder Amarillo.

Personalidad

Su carácter es como la promesa de la luz de un nuevo día, a pesar de los pesares de la noche o del día anterior, siempre optimista, aunque a veces demasiado, y con la preocupación eterna de su salud.

Salud

Enfermará de todas las cosas habidas y por haber, algunas veces incluso en serio y de verdad, y no solo de manera psicosomática. Algunas arritmias cardiacas y deficiencias metabólicas, para mantenerle en vilo y soñando con la medicina.

Dinero

Por mucho que tenga nunca tendrá suficiente, y mientras más tenga realmente, más tacañería y menos ganas de pagar, incluso si se trata de personas queridas, a las que cree que ya les ha pagado con su hospitalidad.

Amor

Más necedad que amor, pues lo que no quiere es perder más que amar o ser amado, lo que le traerá problemas recurrentes con sus distintas parejas, las cuales se irán alejando una tras otra de usted si no rectifica a tiempo.

Géminis ascendente Cáncer, segunda emanación del alma original de Géminis, de las 8 a las 10 de la mañana, es el Rayo de Poder Amarillo violáceo o lechoso.

Personalidad

Siempre práctica, aguda y activa, pero también maternal y sensible, muy trabajadora, aunque no le guste trabajar, y dispuesta siempre a darse uno que otro capricho, aunque después le duela o se arrepienta un poco.

Salud

Debe cuidar sus vías respiratorias, ya que hay tendencia a problemas asmáticos desde la infancia. También debe cuidar sus manos, porque tienden a envejecer antes que el resto del cuerpo.

Dinero

El que obtenga de su trabajo, donde será casi siempre una persona bien valorada, sin dejar de lado a la Diosa de la Fortuna, que puede premiarle siempre con dinero inesperado, mucho o poco, pero muy bien venido.

Amor

Puede ser más raro que un zapato verde, ya que por un lado la sensibilidad le avoca a la vida hogareña, maternal y paternal, pero por otro su sentido práctico le da un carácter de los mil demonios, y demasiado exigente en las relaciones de pareja

Géminis ascendente Leo, tercera emanación del alma

original de Géminis, de las 10 de la mañana a las 12 del mediodía, es el Rayo de Poder Amarillo Dorado.

Personalidad

Reluciente y hasta brillante, incluso de aspecto físico muy agradable y atrayente, pero con pequeños detalles o defectos que pueden hacerle algo insoportable para el resto de la gente. Baje de su nube.

Salud

Problemas cardiacos y de las vías respiratorias, no demasiado evidentes, pero sí algo peligrosos. No debe obsesionarse, sino hacerse chequeos médicos con regularidad y disciplinarse sin exageraciones.

Dinero

Buena capacidad para hacerse de una pequeña o grande fortuna, sobre todo si se dedica a la medicina o a la política, y con menos posibilidades de crecimiento económico en otros sectores, como el arte o las humanidades, pero suficiente.

Amor

Puede contar con una relación más o menos estable de 23 años y con dos o tres descendientes, sobre todo si se casa con Leo, aunque la relación no suele dar para más, ya sea por viudez o por separación consensuada.

Géminis ascendente Virgo, cuarta emanación del alma original de Géminis, de las 12 del mediodía a las 2 de la tarde, es el Rayo de Poder de color Verde Amarillo o Azul verdoso.

Personalidad

Curiosa y variada, pero consistente en la inconsistencia e incongruente en la congruencia, ya que una parte de usted es obsesiva con la limpieza, y la otra parte no tiene el menor deseo de mantener las cosas limpias y ordenadas.

Salud

Más o menos buena con algunos sustos y achaques, luchando contra la obesidad, por una parte, y con la delgadez por la otra, lo que conlleva tener un metabolismo algo desordenado, donde lo menos aconsejable son las dietas extremas.

Dinero

Bien, mal, regular, seguro e inseguro, pero al final suficiente y con buena fortuna para darse los pequeños y medianos caprichos que desee. De vez en cuando la fortuna puede salvarle de la pobreza un año entero. No desespere.

Amor

Selectivo, atildado y orgulloso, aunque convenientemente enamorado si se da el caso, con promesas de amor eterno que no se cumplen nunca, y fertilidad que se ha negado antes. Buena paternidad o buena maternidad, con el o la ex al lado.

Géminis ascendente Libra, quinta emanación del alma original de Géminis, de las 2 a las 4 de la tarde, es el Rayo de Poder Azul Amarillo, casi verdoso.

Personalidad

Algo exigente e irritable, sobre todo con las personas a las que dice estimar o familiares; siempre haciendo planes imposibles sin querer entender que hay cosas que no funcionan ni tras las experiencias pasadas y con la madurez.

Salud

Buena en términos generales, aunque con algunos problemas biliares, pancreáticos y urinarios, molestos, sí, pero no fatales. Debe aprender a manejar sus iras y sus rabietas porque le hacen enfermar con más frecuencia de la necesaria.

Dinero

Buenas capacidades manuales, artesanales y de comunicación, sobre todo en el mundo de la restauración y la belleza, lo que le puede dar un buen o aceptable nivel de vida. No se conforme con la fama, y vaya por los resultados más prácticos.

Amor

La vida da muchas vueltas, sobre todo en el amor, que en su caso a veces puede ser de fortuna, suerte o novela, pues se lo puede encontrar en el lugar menos esperado, para olvidarlo después en otro lado. Los hijos pesan.

Géminis ascendente Escorpio, sexta emanación del alma original de Géminis, de las 4 a las 6 de la tarde, es el Rayo de Poder color Bronce o Café con leche.

Personalidad

Austera y algo hostil con ciertas personas, pero con otras jovial y con buena comunicación, con tendencia al morbo o al drama, o a mantener las debidas y respetuosas distancias.

Salud

Con algunos problemas de fertilidad, o la idea de que no quiere ni desea tener más descendencia que sus gatos, pero buena en líneas generales, capaz de superar vicios y adicciones, pero no siempre de comer sanamente.

Dinero

Regular, que puede pasar de largos años de inestabilidad, a otra temporada igual de larga, pero estable. Eso sí, su estilo de gastos le hará sentir que el dinero casi nunca le alcanza para nada. El ahorro no es lo suyo.

Amor

Quién da de más, a menudo se queda con nada; así que no ame de más ni espere demasiado tiempo una respuesta en los temas amorosos. La sexualidad puede ser buena y espontánea, y la maternidad o la paternidad inesperadas. Cuídese.

Géminis ascendente Sagitario, séptima emanación del alma original de Géminis, de las 6 de la tarde a las 8 de la noche, es el Rayo de Poder Anaranjado suave.

Personalidad

Una de las personalidades más obsesivas de Géminis se da cuando se mezcla con el signo de Sagitario, lo que puede darle muy buenos resultados en los estudios o en los negocios, y algunos fracasos o conflictos a nivel social. Algo de fanatismo.

Salud

Naturalmente obsesiva, algo exagerada, vegetariana, vegana, exigua, tacaña, sobre todo cuando todo está bien y no le duele nada, porque, cuando en realidad le duele, necesitará un hospital entero para un simple resfriado. Hipocondría total.

Dinero

Mucho o poco nunca será suficiente para colmar sus expectativas, lo que puede empujarle a cometer uno que otro pecado a pesar de sus creencias o ideales. Los viajes y los idiomas pueden ser su salvación.

Amor

También obsesivo, y condicionado a sus creencias, ideales, manías y obsesiones, muy molesto y desagradable cuando no le siguen la corriente o no le hacen caso, lo que no impedirá que se case o relacione amorosamente con Sagitario.

Géminis ascendente Capricornio, octava emanación del alma original de Géminis, de las 8 a las 10 de la noche, es el Rayo de Poder de color Naranja afrutado.

Personalidad
Fuerte y tenaz, sobre todo para ser una persona Géminis variable y radical en sus cambios, con una fuerza de voluntad que no sabe de dónde sale, y una capacidad de triunfo y ascensos constantes.

Salud
Dura y duradera, con ciertos achaques desde la niñez y uno que otro defecto físico, pero firme, aguantadora y duradera. Cuide las articulaciones de rodillas y tobillos, y no exagere ni con el yoga ni con otros ejercicios.

Dinero
Normalmente bien, pues dentro de usted bulle la ambición y el deseo de ascender, aunque sea poco a poco. Siempre tendrá un plan para gastar menos y para estar mejor. No deje de proponerse retos y metas.

Amor
Bastante estable, para ser Géminis, aunque algunas veces algo anormal, diferente o contracorriente, como si quisiera probarlo todo, incluso lo que le da asco de entrada para terminar asentándose en una familia de lo más tradicional.

Géminis ascendente Acuario, novena emanación del alma original de Géminis, de las 10 de la noche a las 0 horas, es el Rayo de Poder.

Personalidad
Chispeante, pues puede parecer muy seria y hasta grave, para dar la sorpresa con el agudo humor o el sarcasmo condescendiente. Aguda e inteligente, con buena

capacidad para desentrañar misterios y darlos a conocer al mundo entero.

Salud

Algo deficiente en los cinco sentidos, sin llegar a ser grave, pero si corta de vista, de oído y de tacto, con achaques de persona anciana, aunque aún esté joven, sin que ello le preocupe más de lo necesario.

Dinero

No es una combinación de grandes ganancias, pero sí de méritos y hasta de cierta fama y reconocimiento, lo que le puede dar un premio de vez en cuando dentro de sus actividades y profesión, aunque solo sea para que no le preocupe el dinero.

Amor

Algo raro y hasta excéntrico, pero extrañamente hogareño y familiar, sin demasiados sustos ni sobresaltos, aventuras o excesos, con alguno que otro tropiezo, pero nada más. Tendencia a casarse con una persona del extranjero.

Géminis ascendente Piscis, décima emanación del alma original de Géminis, de las 0 horas a las 2 de la mañana, es el activo y variante Rayo de Poder Marino reluciente o amarillento.

Personalidad

Algo voluble y cambiante, pero simpática y con cierta extravagancia, siempre en busca de lo diferente, de lo original, intentando siempre no ser convencional, pero sin dejar de lado las responsabilidades de la vida diaria.

Salud

La herencia paternal será muy importante para la salud en esta combinación de Géminis y Piscis, con cierta debilidad en los pies y en el hígado, por lo que debe

apartarse de los excesos, y repetición de los males o enfermedades paternales.

Dinero

No hay como el dinero para relajarse a pesar de que
no se ambicione su posesión, pues vivimos en un mundo
material en que siempre se le requiera. Posibilidades de
vivir del arte, incluso a veces con cierta holgura.

Amor

Amores múltiples, pues el alma es muy enamoradiza, a
la vez que celosa y posesiva, con un gran aprecio a la fidelidad ajena, pero descuidando la propia; dramas y conflictos, y hasta obsesiones amorosas, que al final duran poco.

Géminis ascendente Aries, undécima emanación
del alma original de Géminis, de las 2 a las 4 de la madrugada, es el Rayo de Poder Amarillo rojizo.

Personalidad

Amistosa y con gran capacidad para ayudar a los demás, incluso sin necesidad de dramas o emocionalida-
des vanas, lo que le dará un buen cartel social sin que
se lo proponga. Paciencia, conciencia y ciencia, pero,
sobre todo, acción directa.

Salud

Algo accidentada para los deportistas y para los que
gustan de acciones y retos de riesgo, pero buena en general para el resto. Cuidarse demasiado a menudo es
contraproducente, y las preocupaciones innecesarias
crean tumores.

Dinero

Buena capacidad para trabajar y vender, para invertir
y forjar un patrimonio, incluso si no se sabe para qué
ha venido a este mundo y cuál es su profesión ideal. El
campo del cuidado personal es todo suyo.

Amor

Un poco fuera de lugar, o con diferencias de clase, edad o conocimientos, a menudo intermitente o sin descendencia, pero curiosamente leal y duradero, sobre todo en los malos momentos de la vida.

Géminis ascendente Tauro, duodécima emanación del alma original de Géminis, de las 4 a las 6 de la mañana, es el Rayo de Poder.

Personalidad

Firme ante las tempestades, y volátil en las etapas tranquilas de la vida, con un buen sentido del ahorro y de las cosas prácticas de la vida, pero sin dejar de soñar y de hacer planes de futuro por descabellados que éstos sean.

Salud

Una mala salud de hierro, con ciertas contradicciones orgánicas, desde cansancio súbito a etapas de exagerada energía. Debe cuidarse sobre todo las cervicales y no hacer esfuerzos innecesarios que le lastimen la espalda o la columna.

Dinero

Gane todo lo que pueda y quiera, pero aléjese de los juegos de azar, porque al final hasta el mejor tahúr termina perdiendo todo. La suerte no le es esquiva, pero no suele durar para siempre. Buen desarrollo en el campo de las letras.

Amor

Aunque con algunos inconvenientes por disparidad de caracteres, hay tendencia a cargar con la pareja y a hacerse responsable de sus necesidades, pero sin olvidar las propias. Los amores dependientes pesan por mucho que se asuman.

Activación

El Rayo de Poder Amarillo que pertenece a Géminis de manera natural, se activa despertando a la lucidez con la vitalidad y la diligencia, la difusión y la evolución del pensamiento.

Comunica lo que sabes y aprende lo que no sabes, y no permitas que nada ni nadie te desvíe de tu Rayo de Poder Amarillo.

Aprende de las experiencias de estos subrayos, pero no te quedes con ellas.

Activa tu Rayo de Poder Amarillo y consigue lo que deseas.

V
El Rayo de Poder
de Cáncer
(21 de junio al 22 de julio)

¿De dónde viene la vida?
La vida viene del Agua,
la vida viene del Mar,
todos somos tritones
y sirenas.

Cáncer es la cuarta camada, la nueva familia, diferente a la primera familia de Aries Padre, Tauro Madre y Géminis Hijos Sagrados.

Cáncer será ahora la Madre, Leo el Padre y Virgo la Hija Casta y Pura, dotando a la humanidad de la sensibilidad, de la identidad y de la humildad, con el hogar, el orden y la hospitalidad que no tenía.

El Rayo de Poder Lila o Morado de Cáncer, junto con los Rayos Blanco y Plateado, abre las puertas de la magia, la hechicería, el milagro de la maternidad y del flujo continuo de la existencia y el amor.

El trabajo de este Rayo de Cáncer no es fácil, y a menudo está lleno de sufrimientos y contratiempos, que también son experiencias para sacar lo mejor de uno mismo y de los demás.

Camino de aprendizaje constante a través del alma y de las emociones, que debe superarse para alcanzar la paz interior.

La fuerza del ser interno y la resistencia del ser externo se unen en este Rayo de Poder para alcanzar las metas que otros no alcanzan, para sobresalir del resto y dejar huella en los corazones propios y ajenos.

Por eso se dice que no importa cuántas veces caigas, sino cuántas veces seas cápaz de levantarte para seguir adelante con la frente alta.

Cada ascendente de Cáncer emana un Rayo de Poder determinado que se instala en el alma desde el nacimiento hasta la muerte, y que se expresa y activa de manera espontánea desde el mismo fondo del alma.

EMANACIONES EXISTENCIALES DEL ALMA ORIGINAL DE CÁNCER

Cáncer ascendente Cáncer, primera emanación del alma original de Cáncer, de las 6 a los 8 de la mañana, es el Rayo de Poder Morado brillante.

Personalidad
Doble sensibilidad, doble sentimiento, doble emoción, doble intuición, e incluso doble entrega en todo y para todo, con una resistencia propia de las almas nobles y sinceras, que son empáticas porque saben lo que es el dolor de la existencia.

Salud
La boca, los dientes peculiares, el esófago y el estómago son sus principales debilidades, así como cierta tendencia al asma cuando los nervios se aceleran, pero con una gran capacidad de contención para superarlos.

Dinero
Se pueden obtener grandes logros monetarios, incluso fama y fortuna a través de los deportes o de la escritura, y hasta de las sabias inversiones y de los ahorros, pero rara vez el dinero será motivo de verdadera felicidad.

Amor
Tanto en el amor de pareja, como en el amor filial, familiar y de amistad, sí encontrará la felicidad, aunque tampoco se debe aferrar a ella, aunque sí disfrutarla a fondo cuando aparezca, porque nada en este mundo es para siempre.

Cáncer ascendente Leo, segunda emanación del alma original de Cáncer, de las 8 a las 10 de la mañana, es el Rayo de Poder Lila Dorado.

Personalidad

Sobresaliente en muchos aspectos y planos de la vida, con muchas oportunidades que pueden ser capitalizadas, solo hay que evitar que el egoísmo y la vanidad se apoderen de tu orgullo.

Salud

Problemas tempranos de testículos y próstata para los hombres, disfunciones menstruales para las mujeres; a pesar de ello tendrá una buena resistencia para los deportes. No se automedique, puede empeorar las cosas.

Dinero

Bien, mientras no sea pusilánime ni una persona perezosa que se la pasa durmiendo en su centro de trabajo. Buenos aspectos en trabajos relacionados con las editoriales, no los eche a perder.

Amor

Se podría decir que estable, aunque con cierta diferencia de años y hasta de caracteres, incluso tradicional, aunque la fertilidad puede ser un problema para asumir la paternidad o la maternidad. Dificultades con la descendencia.

Cáncer ascendente Virgo, tercera emanación del alma original de Cáncer, de las 10 de la mañana a las 12 del mediodía, es el Rayo de Poder Lila verdoso.

Personalidad

Increíblemente estable y trabajadora, incluso sin darse cuenta de sus propios esfuerzos ni cuestionarse los avatares y exigencias del destino. Procure no tener envidia

de sí mismo ni deprimirse por los triunfos o dones a-
jenos.

Salud

Más o menos buena hasta un poco antes de la vejez,
donde los achaques pueden convertirse en verdaderas
deficiencias y enfermedades. Tendencia a la depresión y
a los accidentes causados por la propia torpeza.

Dinero

Hay cierta capacidad de ahorro y de previsión del futuro, e incluso algo de suerte para hacerse de un patrimonio, sin llegar por ello a la tacañería. Aproveche todos
los recursos que tenga a mano, y aprenda a repartir
ganancias con los demás.

Amor

Puede haber cierta competencia con la pareja, ya sea
por motivos económicos o sociales, e incluso tener diferentes ideas, creencias e ideologías, pero eso no impedirá una estabilidad de varios años antes del siempre
esperado rompimiento.

Cáncer ascendente Libra, cuarta emanación del alma
original de Cáncer, de las 12 del mediodía a las 2 de la
tarde, es el Rayo de Poder Lila Azulado.

Personalidad

Siempre en busca de la estética, e incluso de la ética,
ya que tiene un carácter artístico y justiciero. También
tiene una buena capacidad para el sacrificio y para la
diplomacia, pues sabe ceder terreno sin perderlo todo.

Salud

Algunas afecciones renales o de las vías urinarias pueden ser molestas, crónicas y habituales, lo que por una
parte favorecerán su piel y su pelo, pero por el otro le im-
pedirán libertad de movimiento. Cuídese sin obsesionarse.

Dinero

Equilibrado y estable, con ascensos laborales y un buen sendero hacia la jubilación, gracias a la constancia y a la resistencia en sus diferentes puestos de trabajo, y a pesar de sus errores y sus fallos, que no serán pocos.

Amor

Estable, pero algo frío, a pesar de las tentaciones y los malos pensamientos, pues el matrimonio y la familia para usted es, si no lo más deseable, si lo más conveniente social y económicamente. Puede durar toda la vida.

Cáncer ascendente Escorpio, quinta emanación del alma original de Cáncer, de las 2 a las 4 de la tarde, es el Rayo de Color Morado Oscuro.

Personalidad

Cuenta con los dones de la magia, la hechicería, la visión, la intuición y la alquimia, por lo que debe mantener los pies bien puestos en tierra para no salir volando o que le quieran ingresar en un manicomio.

Salud

Dura como el acero, pero muy débil ante los tóxicos, los humos y el exceso de agua en los pulmones, ya sea por pleuritis o por ahogamiento. Debilidad en el testículo derecho, para los hombres, y en el ovario izquierdo para las mujeres.

Dinero

Puede gozar de ciertos triunfos económicos y de reconocimientos, sobre todo si se dedica a la investigación o a las ciencias, incluso a las ocultas, sin descartar golpes de suerte inesperados o inmerecidos.

Amor

Sensual y placentero, pero con mucha intimidad, incluso a través de lo que se considere extraño, prohibido o extremo, sin dejar de lado la función matrimonial y la estabilidad familiar de lo más tradicional.

Cáncer ascendente Sagitario, sexta emanación del alma original de Cáncer, de las 4 a las 6 de la tarde, es el Rayo de Poder Índigo brillante.

Personalidad

Carácter idealista, a veces demasiado, por lo que defenderá sus creencias, religión e ideología con uñas y dientes, caminando por el resbaladizo hilo de la intolerancia y el fanatismo, porque a pesar de su necedad cree estar haciendo el bien.

Salud

Hay que tener especial cuidado en la alimentación y no tentar la suerte en las alturas. El estómago y las caderas son su principal debilidad, y los cambios de ambiente y situación geográfica pueden afectarle especialmente.

Dinero

Los negocios no le irán del todo mal, sobre todo si los combina con un trabajo estable que le dé seguridad mensual. El extranjero siempre le ofrecerá buenas y nuevas oportunidades, no las desperdicie ni las deje pasar.

Amor

El amor a menudo está más allá de las propias posibilidades, o incluso en el verdadero más allá, por lo que la separación o la viudez casi está asegurada, más para las mujeres que para los hombres, de esta combinación astrológica.

Cáncer ascendente Capricornio, séptima emanación del alma original de Cáncer, de las 6 de la tarde a las 8 de la noche, es el Rayo de Poder Lila Anaranjado.

Personalidad
Contradictoria, tanto, que a menudo le costará entenderse a sí mismo. Por un lado, tiende a elevarse, y por el otro a tropezar y caer, auto poniéndose obstáculos, o encontrándolos donde no existen. Busque la congruencia de sus actos.

Salud
Muy buena para dedicarse a los deportes y a las actividades de larga duración donde se necesite fuerza de voluntad y resistencia. A pesar de su propio carácter puede vivir una vida larga, saludable y plena.

Dinero
Aunque en el horizonte aparezcan pérdidas, siempre le quedará algo para comenzar de nuevo y no cometer los habituales errores del pasado, por lo que la suma final se puede considerar como buena o muy buena. Persista.

Amor
A veces bajo los complejos de Edipo o de Electra, pero generalmente estable y duradero tras la etapa adolescente o juvenil de probar todo lo que se deje y se pueda. Paternidad y maternidad aprobada.

Cáncer ascendente Acuario, octava emanación del alma original de Cáncer, de las 8 a las 10 de la noche, es el Rayo de Poder de Bronce brillante.

Personalidad
Inteligente y de muy buena memoria, pero a menudo incomprendida, tanto por ser muy elevada, o por ser muy excéntrica y contradictoria. Habilidades tanto para las artes como para las ciencias.

Salud

Algo destemplada, sobre todo de los nervios, con tendencias a bilis y conflictos orgánicos debidos a las propias emociones o al carácter. Necesidad de terapias psicológicas, aunque sean alternativas para rebajar las tensiones personales.

Dinero

Se podría decir que tormentoso, con alternativas de bienestar y malestar económico, con buenos triunfos y sonados fracasos, hasta que encuentre el punto medio, a pesar de que el dinero no le sea especialmente apetitoso.

Amor

Curioso, extraño, excéntrico, a veces fuera de lugar, otras veces enamorado y pasional, y hasta tendiente a la estabilidad y al matrimonio. Los grandes logros y los despechos y fracasos están asegurados.

Cáncer ascendente Piscis, novena emanación del alma original de Cáncer, de las 10 de la noche a las 0 horas, es el Rayo de Poder Mar Nocturno.

Personalidad

Curiosa y amistosa, tierna y sensible, pero a la vez posesiva y algo obsesiva, casi siempre voluble que casi nunca sepa lo que quiere, aunque tenga la seguridad de lo que desea y de lo que no desea. Se le comprende, pero no se le entiende.

Salud

Debe alejarse de toda clase de vicios, adicciones y excesos, tanto físicos como emocionales, ya que tiene una fuerte tendencia a todo tipo de dependencias, y sus glándulas endocrinas lo resienten.

Dinero

El arte puede darle pingües ganancias a lo largo de su vida, y aunque a veces ahorra, tampoco le importará gastar todo lo que pueda y tenga. También tiene buen ojo para las grandes empresas.

Amor

Todos los que quiera y mande, incluso de los buenos, amables y estables, con casa, coche y descendencia, y hasta familia por ambas partes, aunque personalmente no sea muy fiel ni muy estable. Cuidado con los celos y las emociones negativas.

Cáncer ascendente Aries, décima emanación del alma original de Cáncer, de las 0 horas a las 2 de la madrugada, es el Rayo de Poder Naranja Índigo o Morado.

Personalidad

Insistente, tan activa y creativa en la inseguridad, como perezosa y negligente en la seguridad, porque suele ponerse el mono de trabajo solo cuando lo necesita. Radical en muchos aspectos, con un todo o nada como respuesta.

Salud

Buena, pero algo accidentada, con cortes, fracturas, intoxicaciones y quemaduras generalmente leves. La circulación sanguínea es su punto débil, y los problemas digestivos debidos a los malos estados emocionales pueden volverse muy graves.

Dinero

Mientras menos tenga, más luchará por conseguirlo; y mientras más tenga, menos hará por conservarlo. De una o de otra manera siempre tendrá la habilidad para generarlo, o para vivir al margen como un anacoreta.

Amor

Sensual, sensible y apasionado, el cual luchará mucho por conseguirlo, pero, una vez conseguido, es posible que se dedique a olvidarlo y a dejarlo de lado. Los emparejamientos le causan muchas tensiones, decepciones y dolores de cabeza.

Cáncer ascendente Tauro, undécima emanación del alma original de Cáncer, de las 2 a las 4 de la madrugada, es el Rayo de Poder Azul Violáceo.

Personalidad
Dura como una roca por fuera, pero blanda e insegura por dentro, con más caparazón que una tortuga, y una creatividad que a menudo da miedo, pues es capaz de llevar las fantasías a la realidad más cruda.

Salud
Tendencia a sufrir infecciones e inflamaciones, desde las amígdalas, la garganta y los pulmones. Es fuerte, pero se contagia fácilmente, y los seres más pequeños, como los virus, los hongos y las bacterias, suelen traerle complicaciones.

Dinero
Estable, pues tiene los dones suficientes para la enseñanza, la filosofía, la investigación, el estudio y las nuevas profesiones. Podrá darse pequeños lujos y caprichos, a la vez que vivir cómodamente.

Amor
Dependerá de los éxitos o fracasos en este plano, ya que se deprime y se desmoraliza fácilmente cuando no consigue la respuesta esperada, y se refugia en la soledad para no sufrir. Posible maternidad o paternidad a pesar de todo.

Cáncer ascendente Géminis, duodécima emanación del alma original de Cáncer, de las 4 a las 6 de la mañana, es el Rayo de Poder Rosa Plateado.

Personalidad

Algo infantil e ingenua que se reviste de seriedad y madurez para no parecer débil ante los demás, aunque no siempre lo logre. Tiene diversas habilidades y dones, pero a menudo las responsabilidades son el pretexto para no ejecutarlas.

Salud

Debe cuidar especialmente la espalda, las manos, los hombres y las piernas, y procurar no cargar nada pesado ni hacer demostraciones de fuerza para quedar bien. Las vías respiratorias y el estómago le molestarán de vez en cuando.

Dinero

Aunque tiene buenas habilidades para el comercio y para los negocios, a menudo preferirá la seguridad de un salario, aunque no sea demasiado alto, y se acomodará a las circunstancias. Terreno pesado.

Amor

En este terreno también apostará por la seguridad, tanto, que a menudo le perdonará a la pareja lo imperdonable con tal de no enfrentar la soledad. Con la descendencia le pasará algo similar. Procure liberarse de las ataduras emocionales.

Activación

El Rayo de Poder Lila de Cáncer se activa a través de las emociones y los sentimientos elevados y positivos, superando los dolores y sufrimientos que nacen de la realidad o de las ilusiones frustradas.

Todo en esta vida es aprendizaje, desarrollo y crecimiento, incluso las experiencias que consideramos negativas, nos dice el Rayo de Poder Lila, no dejes que nada ni nadie te convenza de lo contrario.

Activa tu Rayo de Poder Lila o Morado y consigue lo que deseas.

VI
EL RAYO DE PODER
DE LEO
(23 DE JULIO AL 22 DE AGOSTO)

No es que seas el mejor,
ni el peor ni el más feo,
ni el más bello ni el más grande,
es que eres el único importante
para tu propia existencia,
pues nadie muere ni come ni vive
tu vital experiencia por ti,
nadie.

Cuenta una leyenda que para acompañar al Rayo Morado de la Luna, tan solitario y sensible, los devas emanaron al Rayo Dorado del Sol, y desde entonces Cáncer y Leo caminan juntos por el mismo sendero, aunque raras veces se encuentren.

Leo, con su Rayo de Poder Dorado, Leo da inicio a las jerarquías, los gobernantes, los reyes, los monarcas, los caciques y las élites, que sirven para ordenar y organizar al mundo y a sus seres, pero que tiene el defecto del egoísmo y del complejo de superioridad, porque nunca se esperaron que los demás, los gobernados, se sometieran tan fácilmente al mando, cambiando su libertad por una falsa seguridad y poniéndose en un plano inferior.

Ante el Rayo de Poder Dorado muchos vendieron su albedrío para no tener que cargar con la responsabilidad de ser ellos mismos, y desde entonces el mundo dio un curioso giro donde para haber amos se necesitaba la complicidad de los esclavos, y así está la humanidad desde entonces, con unos pocos que brillan de verdad y con luz propia, y otros muchos que van a remolque.

Efectivamente, en nuestro Sistema Planetario el único que brilla con luz propia es el Sol, mientras que los demás apenas si son sus reflejos; y no es que esté ni bien

109

ni mal, es que así es la realidad de este sistema, por lo menos mientras no se rebelen los oscuros.

El hombre Leo busca brillar siempre, sobre todo el del primer decanato, que se afianza en sí mismo y manda en el segundo decanato, y que entra en su declive o madurez en el tercer decanato, cuando deja de interesarle el mando.

La mujer Leo, que es toda corazón en el primer decanato, se convierte en ira y angustia en el segundo decanato, para terminar inclinada hacia la nobleza y la lealtad en el tercero.

Les gustaría ser dioses y que todos les obedecieran, incluso cuando se equivocan, pero son humanos que deben reencontrar el oro de su ser en otro estado más elevado.

Como si fuera el propio Sol, cada ascendente de Leo emana un Rayo de Poder determinado que se instala en el alma desde el nacimiento hasta la muerte, y que se expresa y activa de manera espontánea.

EMANACIONES EXISTENCIALES
DEL ALMA ORIGINAL DE LEO

Leo ascendente Leo, primera emanación del alma original de Leo, de las 6 a los 8 de la mañana, es el Rayo de Poder Dorado.

Personalidad

No se puede negar que es una personalidad brillante, aunque a veces resulte un tanto repetitiva y demasiado pagada de sí misma, la cual, más a menudo de lo que parece, no quiere cargar con responsabilidades ni propias ni ajenas, pero brilla.

Salud

El corazón y la columna vertebral son sus principales

puntos débiles, aunque también pueden sufrir enfermedades autoinmunes, y tener un magnífico aspecto por
fuera, pero bastante débil y enfermizo por dentro al calor de las infecciones.

Dinero

Por lo menos una vez en su vida gozará de un importante golpe de fortuna, y no es raro que se le benefi-
cie con más de una herencia, pero la administración de
esas ganancias depende solo de su buen o mal criterio.

Amor

A pesar de su carácter y de sus múltiples exigencias,
tendrá fortuna en el amor, y si se divorcia cuatro veces,
se casará cinco por lo menos. El problema viene con
los descendientes, con los que difícilmente tendrá una
buena relación.

Leo ascendente Virgo, segunda emanación del alma
original de Leo, de las 8 a las 10 de la mañana, es el
Rayo de Poder Verde Dorado.

Personalidad

De entrada, es una muy buena combinación, pues los
dones y las habilidades se multiplican y la capacidad de
seducción aumenta, sin embargo, el orgullo y la prepotencia pueden echar a perder su carisma inicial. Malo
para mandar.

Salud

Todo el sistema digestivo es su debilidad, y su organismo parece condenado a la diabetes, y a las complicaciones que devienen de este mal. El corazón tampoco es
su fuerte, pero si sabe cuidarse no tendrá demasiadas
complicaciones.

Dinero

Como tiene la capacidad de trabajar el doble y goza

de buena estima de los que no le conocen en profundidad, sus posibilidades económicas son muy buenas, sin dejar de lado la proverbial buena suerte de Leo, que siempre le promete dinero extra.

Amor

En este terreno hay mucha inseguridad, tanta, que a menudo se escoge como pareja lo peor de la oferta, ya sea por carácter o por estética, pero su línea afectiva es matrimonial, más que familiar, y la paternidad o la maternidad son prioritarias.

Leo ascendente Libra, tercera emanación del alma original de Leo, de las 10 de la mañana a las 12 del mediodía, es el Rayo de Poder Azul Dorado.

Personalidad

Más o menos equilibrada, aunque de vez en cuando pierda los nervios y estalle con actos y palabras de ira. Un buen corazón con dones para las artes y las ciencias, incluso para la gastronomía, pero poco o nada paciente.

Salud

Algunas veces muy sana y fuerte, y otras en franco peligro por operaciones o intervenciones quirúrgicas, sobre todo de la vesícula biliar. También hay tendencia a las úlceras estomacales y a deficiencias renales.

Dinero

Buena capacidad para ganarlo, ya sea como profesionista, médico o abogado, o dedicándose al comercio o a la restauración; sin dejar de lado que suele ser un empleado algo maniático, pero leal y eficiente. Funcionariado.

Amor

Quizá no tenga demasiado tino al escoger a la primera pareja, ya que la influencia maternal le puede inclinar a un matrimonio de conveniencia, pero más de una vez encontrará quién le soporte y quién le quiera. Amistad duradera.

Leo ascendente Escorpio, cuarta emanación del alma original de Leo, de las 12 del mediodía a las 2 de la tarde, es el Rayo de Poder Índigo.

Personalidad
Buen carácter para formar hogar y ampliar la familia y la descendencia, pero mal carácter para mandar o exigir a los demás. No llega a ser dictatorial, pero si tiene el don de mando en la punta de la lengua.

Salud
Regularmente fuerte, con algunos problemas endocrinos en la juventud, e infecciones en los órganos reproductores; pero a medida que madure se irá solidificando y haciéndose más saludable. El buen ánimo es importante.

Dinero
Buen desarrollo dentro de las artes liberales, como el dibujo o el diseño, así como para desempeñarse en el mundo de la química y de la educación, con unas entradas mejorables, pero no insuficientes. Habrá uno que otro golpe de suerte.

Amor
Apasionado, al menos en los primeros compases, y más o menos constante en los segundos tiempos o en las segundas oportunidades, cuando el sexo deje de ser lo más importante de la relación. Matrimonio variable. Cuidado con las fantasías.

Leo ascendente Sagitario, quinta emanación del alma original de Leo, de las 2 a las 4 de la tarde, es el Rayo de Color Dorado-Carmesí.

Personalidad

Ambiciosa y viajera, con buena visión para los negocios y las leyes, con buena disposición para las relaciones sociales y con un claro deseo de ascender y de hacer bien las cosas. Capacidad para encontrar soluciones.

Salud

Buena en general, aunque con algunos problemas para la vista y el oído, sobre todo en la madurez. Buena capacidad deportiva gracias a su físico y a su carácter competitivo. Procure no enfadarse por tonterías, y evitará úlceras estomacales.

Dinero

Todo el que quiera, tanto si se dedica a la política, como al transporte o al comercio internacional, e incluso a los idiomas. Tiene buen ojo y sabe conocer a la gente, pero a menudo peca de desconfiado. Pocos golpes de suerte.

Amor

Puede haber matrimonio por interés, para mejorar económica o socialmente, pero también por loco enamoramiento. Tendencia a lo tradicional de cualquier manera, incluso si se casa con una persona extranjera.

Leo ascendente Capricornio, sexta emanación del alma original de Leo, de las 4 a las 6 de la tarde, es el Rayo de Poder Dorado Anaranjado.

Personalidad

Va a ser difícil alcanzar la plena satisfacción a nivel personal, tanto porque a veces se exige demasiado, como porque en otras ocasiones no se exige absolutamente nada de nada. Procure un buen término medio.

Salud

Debilidades en el sistema óseo, con tendencia a las fracturas y a los cortes, sobre todo en la infancia y en la juventud. La longevidad en buen estado está al alcance de su mano, no corra riesgos innecesarios.

Dinero

Las herencias formarán buena parte de su patrimonio, pero no debe conformarse con ellas, ni tome las que no le corresponden. Por los demás tiene todas las capacidades del mundo para desarrollarse profesionalmente en todas las áreas.

Amor

A veces la vida le llevará hacia esos amores imposibles o no correspondidos, porque no están a su alcance. Sin embargo, eso no le impedirá tener un buen matrimonio que le dé lo que necesita para sentir seguridad, aunque sea en la vejez.

Leo ascendente Acuario, séptima emanación del alma original de Leo, de las 6 de la tarde a las 8 de la noche, es el Rayo de Poder Guinda.

Personalidad

Brillante en las cuestiones académicas, con un buen sentido para las matemáticas, el estudio y la investigación en general, donde podrá encontrar muy buenos amigos y encarnizados detractores. Carácter crítico, contradictorio y explosivo.

Salud

Con alguno que otro problema con los tradicionales cinco sentidos, especialmente con la vista. Etapas de cansancio mental y momentos iracundos. Estrés, ansiedad y nervios, pero organismo, más que sano, duradero.

Dinero

Bien, aunque con las posibilidades de recibir más de un premio por su talento, tanto en las ciencias, como en las artes (cine o teatro), que por lo menos le darán una jubilación decente y anticipada. Por supuesto, su esfuerzo es el mejor premio.

Amor

De los témpanos al fuego, sin término medio, por lo que puede casarse muy joven o a una edad muy avanzada. La soledad no es de su agrado, pero la prefiere a una mala compañía o a un mal arreglo sentimental. Adopción.

Leo ascendente Piscis, octava emanación del alma original de Leo, de las 8 a las 10 de la noche, es el Rayo de Poder de Bronce.

Personalidad

Casi, casi para morirse, o para desesperarse, porque la incongruencia y la inestabilidad serán sus compañeras de viaje en muchos momentos, animándole y desanimándole para seguir adelante. Despeje dudas y siga el camino correcto.

Salud

De naturaleza sana y hasta deportista o bailarina, a menudo pecará de descuido de su persona o de excesos en todos los terrenos. El hígado y el corazón son sus puntos débiles, sobre todo si no se cuida. Procure mantener la serenidad.

Dinero

Por mal que se administre, siempre habrá un foco de esperanza económica o un nuevo proyecto para el día de mañana, por lo que en lugar de preocuparse debería ocuparse de lo importante para hoy. Los golpes de suerte ayudan, pero no salvan.

Amor

Sólo con la madurez, la edad y la experiencia comprenderá que el amor de pareja es más una ilusión que le enseñaron de niño, que una realidad contrastada. Pasiones y emociones desbocadas, de dominio y mando, o de sumisión.

Leo ascendente Aries, novena emanación del alma original de Leo, de las 10 de la noche a las 0 horas, es el Rayo de Poder Rojo Dorado.

Personalidad

Una de las mejores combinaciones astrológicas para el ordeno y mando, para ejercer jefaturas o gobiernos, para ser gerente o CEO, como ahora le llaman, que debe asumir con cuidado y responsabilidad, y evitar las tentaciones del poder.

Salud

Muy buena en general, pero con peligro de accidentes o atentados, por lo que debe aprender diplomacia y no caer en provocaciones ni conflictos. Debe cuidar, además, su circulación sanguínea.

Dinero

A menudo las finanzas y las inversiones, más que el dinero en sí o cómo ganarlo, le robarán el sueño, pues nunca sentirá que tiene demasiado. La ambición es buena y positiva, pero la codicia es un error más que un pecado.

Amor

Está bien amarse a sí mismo, pero si se quiere afecto, lealtad y cariño, también hay que darlo de vez en cuando. La familia es importante, tanto los padres como los hermanos, como los hijos y hasta los compadres y los cuñados.

Leo ascendente Tauro, décima emanación del alma original de Leo, de las 0 horas a las 2 de la madrugada, es el Rayo de Poder Azul Cielo Dorado.

Personalidad

Carácter un tanto autoritario, aunque suave y meloso si le interesa, a la vez que desagradable y hasta ofensivo si no le interesa alguien o algo. Con buenas dotes para el arte y los estudios, pero a menudo un tanto desarraigado y descuidado.

Salud

Muy bien, hasta que aparece el primer mal o la primera enfermedad seria, y entonces cae en la cuenta que debió cuidarse desde antes. El corazón, o las válvulas cardiacas, son su principal debilidad orgánica.

Dinero

Más o menos mal hasta que consigue algo seguro, con la suerte de que a menudo contará con diversos respaldos, desde los familiares hasta los de las amistades cercanas. Buena suerte en general sin demasiados esfuerzos.

Amor

Algunas veces enamorado, y otras veces decepcionado, como si no encontrara a la persona ideal para que le acompañe en esta vida. La soledad será un refugio más o menos temporal, porque siempre puede aparecer alguien que le cace.

Leo ascendente Géminis, undécima emanación del alma original de Leo, de las 2 a las 4 de la madrugada, es el Rayo de Poder Amarillo Metálico.

Personalidad

No es la mejor combinación del mundo astrológico, pero sucede con cierta frecuencia, ya que hay algunas contradicciones de caracteres en la edad adulta, aunque se entienden bien en la infancia. Más que ingenuidad, carácter pueril.

Salud

Cualquier problema de salud, por mínimo que sea, puede convertirse en un verdadero drama exagerado, aunque ciertamente su corazón no es muy fuerte, y los senos nasales sí le causan problemas respiratorios. Hipocondría infantil.

Dinero

Muy buenas habilidades en el mundo comercial, de la comunicación y en la actuación o en el periodismo, incluso puede alcanzar la fama sin hacer prácticamente nada, y gozar de los beneficios que le traiga. Herencia segura.

Amor

Su carácter no es muy estable para los amores de pareja, sin embargo, puede tener suerte y encontrar a la persona que le haga de padre o de madre, y le cuide y le soporte sus veleidades, que no son pocas. Suerte en el amor.

Leo ascendente Cáncer, duodécima emanación del alma original de Leo, de las 4 a las 6 de la mañana, es el Rayo de Poder Rosa Plateado.

Personalidad

Personalidad de trovador, de cantautor o de mensajero, sensible y preocupada por la humanidad, mientras canta, fuma y bebe. Con buena empatía para los problemas medio ambientales, pero con automóvil. Tiene afinidad con la masa.

Salud

No muy buena, a menos de que lleve una vida realmente sana, bien ejercitada y bien alimentada, de lo contrario comerá mal y beberá de más, con los problemas estomacales y hepáticos que una vida descuidad causa. Si no se cuida, no se queje.

Dinero

Más o menos bien, con subidas y bajadas, quizá por el peso de las obligaciones y las responsabilidades familiares, o por no poner demasiado atención a los bienes materiales, que a veces le caen del cielo. Doble esfuerzo.

Amor

A pesar de su carácter alternativo o bohemio, no faltará quien envejezca a su lado, y con quien pueda compartir sus ideas y su forma de vida, con todo y descendencia, donde usted y su pareja se desempeñarán como magníficos padres, aunque no lo parezca.

Activación

El Rayo de Poder Dorado se activa superando las falsas identidades y el vicio del ego, reconociendo que eres algo más que un nombre, una identidad o un lugar de nacimiento.

Este Rayo de Poder lo da todo y lo entrega todo, nobleza, lealtad y generosidad a tu ser interno, no te dejes deslumbrar por oropeles, tú vales mucho más que eso.

La vida es lo que es, una experiencia más en el largo camino de la existencia, por lo que no importa lo que pase, sino lo que aprendas de ella.

Activa tu Rayo de Poder Dorado y consigue lo que deseas.

VII
EL RAYO DE PODER
DE VIRGO
(23 DE AGOSTO AL 22 DE SEPTIEMBRE)

Perseguir lo imposible,
alcanzar lo inalcanzable,
vivir otra vida,
pensar lo impensable,
ser igual y ser distinto,
cruel y frío,
fiel y amable.
J.T.

Descendiente espiritual del Cangrejo, su madre, y del León, su padre, las leyendas antiguas cuentan que la Virgen es el primer ser humano real y completo de este planeta, los otros son cosas, como los Gemelos, o animales, como el Carnero, el Toro, el Cangrejo y el León, por lo que se distingue del resto y no encontrará par humano hasta que llegue el Aguador, por lo que deberá tener algo que no siempre tiene, paciencia.

Virgo no es excéntrico ni raro, pero a menudo se encuentra fuera de lugar, observando y criticándolo todo, haciendo una revolución silenciosa que raras veces sale adelante, porque, cómo hacerle comprender a los demás que no son humanos, y cómo hacer para que Virgo comprenda que no tienen por qué serlo.

Virgo vive una larga adolescencia donde la lucidez y la madurez tardan en llegar, a pesar de que crea que las posee desde siempre por el simple hecho de haber nacido, con un orgullo que a menudo supera el ego de Leo.

La mujer Virgo del primer decanato es la muestra del orgullo desmedido, pero también de la perfección que se debe perseguir siempre; la del segundo decanato es sabia de nacimiento, pero más servicial, humilde y hasta complaciente, como si comprendiera al mundo entero, aunque obsesiva con sus labores; y la del tercer decanato es la rebelde, por un lado revolucionaria, casi sociópata, y por el otro de lo más tradicional y eterna madre.

El hombre Virgo del primer decanato suele ser muy inteligente, pero débil; el del segundo decanato todo un portento para las ciencias, las artes y los deportes, pero no tan inteligente; el del tercer decanato parece insensible, a pesar de ser poeta de nacimiento, y vive en su mundo solitario, aunque esté rodeado de gente.

A veces el peso de la humanidad y de la vida cae sobre sus espaldas, pero pronto entiende que no hay bien ni mal, sino expresiones de los Rayos de Poder en todas sus posibilidades y atribuciones, y eso lo hace aún más raro para los otros signos.

Es por eso que cada ascendente de Virgo emana un Rayo de Poder determinado que se instala en el alma desde el nacimiento hasta la muerte, y que se expresa y activa de manera espontánea, y hasta obsesivamente.

EMANACIONES EXISTENCIALES DEL ALMA ORIGINAL DE VIRGO

Virgo ascendente Virgo, primera emanación del alma original de Virgo, de las 6 a los 8 de la mañana, es el Rayo de Poder Verde Mar.

Personalidad

Casi una pieza rara de museo, pues su lucidez puede molestar a los durmientes, sus dotes pueden despertar la envidia de propios y extraños, y su moral ser un dedo flamígero que señala los defectos ajenos. A veces irradia autoridad.

Salud

Una fuerza de la naturaleza durante varias décadas, pero sin escaparse de los problemas digestivos e intestinales que le darán molestias muy a menudo. Tendencia a vivir muchos años, aunque se aburra y no le apetezca.

Dinero

La constancia y dedicación son su mejor baza para la seguridad económica de buen nivel, aunque también puede defenderse de manera autónoma, y hacerse de una sólida clientela. Golpe de suerte que le rebelan al oído sus devas o ángeles.

Amor

La soledad es muy agradable en muchos sentidos, pero no desprecia la vida matrimonial, la maternidad o la paternidad, ni los profundos lazos familiares, pues siempre tendrá un corazón hospitalario a pesar de todos y de todo.

Virgo ascendente Libra, segunda emanación del alma original de Virgo, de las 8 a las 10 de la mañana, es el Rayo de Poder Verde Azulado marino.

Personalidad

Es el típico niño al que le gusta ir a la escuela y estudiar; el que siempre levanta la mano para preguntarle al profesor una duda, justo a la hora de la salida; el que recita los poemas y canta las canciones en las celebraciones escolares. Sí, odioso o entrañable.

Salud

La edad no perdona a nadie, y aunque vivirá muchos años sin saber apenas lo que es un resfriado, llegará el día de las pulmonías, el exceso de azúcar en la sangre, el dolor de pies y los más diversos achaques. Goce mientras pueda.

Dinero

Una verdadera montaña rusa en la economía, con una capacidad increíble para mantener familias y saltar los baches, aunque eso de trabajar no le guste nada. Si hace lo que le gusta y sabe hacer, alcanzará buenas ganancias. Mucha suerte.

Amor

El eterno enamorado o la eterna enamorada, a veces de imposibles, otras de posibles que resultan ser sapos y ranas, y otras tantas, después de los éxitos y fracasos amorosos, agradable soltería, pero con hermosa descendencia.

Virgo ascendente Escorpio, tercera emanación del alma original de Virgo, de las 10 de la mañana a las 12 del mediodía, es el Rayo de Poder Cobre Azulado.

Personalidad

Combinación algo curiosa, tan hermética como espontánea, pues casi nunca muestra sus sentimientos por temor a que le desarmen. Su inteligencia no es la habitual y académica, pero sí aguda y brillante, e incluso hasta sabia.

Salud

Los hombres deberán cuidar siempre su próstata, y las mujeres sus ciclos menstruales y su vejiga. No faltarán pequeñas afecciones cutáneas, alguna verruga, perrillas en los ojos y dolores de oído en la infancia.

Dinero

Clara tendencia a la estabilidad económica, con éxito en labores de pesca, recolección o agrícolas, sin dejar de lado la enseñanza y la educación infantil que se tomará con entusiasmo, aunque huyendo siempre de más responsabilidades.

Amor

Puede encontrar al amor de su vida sin necesidad de besar muchas ranas o muchos sapos, o al menos a la persona confiable para formar una relación de pareje y con hijos muy duradera, mientras los amores imposibles pasan y se alejan.

Virgo ascendente Sagitario, cuarta emanación del alma original de Virgo, de las 12 del mediodía a las 2 de la tarde, es el Rayo de Poder Índigo.

Personalidad

Combinación afortunada en muchos aspectos, ya que el alma soñadora, viajera y aventurera de Virgo encuentra buen acomodo en las virtudes de Sagitario. Nunca será tarde para volver empezar, estudiar o crear un emporio. Eterna juventud.

Salud

Algunos problemas óseos y musculares, sobre todo en las lumbares, los pies y las caderas, con curas milagrosas y gran capacidad de recuperación, pero no abuse de la buena suerte y hágase los chequeos pertinentes.

Dinero

Nunca es suficiente en este mundo material, sobre todo si se aumentan más los gastos que las ganancias. Tendencia a la tacañería, por un lado, y a dilapidar el dinero por el otro. Capacidad para salir de cualquier ruina.

Amor

Una cosa es la vida externa fuera de casa, y otra muy distinta la familia y el cuidado que hay que tener con ella. Amores internacionales e interraciales, con la belleza y los problemas culturales que ello conlleva. Alma amorosa y viajera.

Virgo ascendente Capricornio, quinta emanación del alma original de Virgo, de las 2 a las 4 de la tarde, es el Rayo de Color Verde Anaranjado.

Personalidad

¡Cuidado! Esta combinación de Tierra-Tierra nació con la idea de que debe probarlo absolutamente todo, lo bueno y lo malo, por lo que cuando abraza la bondad es toda virtud; pero cuando abraza la maldad es toda crápula. Carisma que intimida.

Salud

Larga vida y organismo fuerte casi siempre, porque más de una vez estará al borde de los accidentes terribles y de la muerte, con una que otra infección que le dará un buen susto, aunque casi nunca se enferme.

Dinero

El dinero nunca será su meta, y hasta muy avanzada edad no se le ocurrirá ahorrar o mesurar sus gastos, porque durante mucho tiempo tendrá la vida asegurada de una o de otra manera. La creatividad es su fuente de ingresos.

Amor

Por muchos amores que se tengan, la soledad siempre será la amante perfecta, algo que suele desconcertar a sus diversas parejas, porque hay cosas que usted no comparte con nadie. De los matrimonios y las aventuras, pasa a la soltería.

Virgo ascendente Acuario, sexta emanación del alma original de Virgo, de las 4 a las 6 de la tarde, es el Rayo de Poder Verde Grisáceo.

Personalidad

Rara y excéntrica, pues suele ser demasiado desarrapada en los ambientes elegantes, y demasiado elegante en los ambientes desarrapados, tan hippie como señorial, pero siempre aguda e inteligente, crítica y mordaz.

Salud

¿Cómo te ven los demás? Nunca como te ves a ti en el espejo, pues el espejo se descompone fácilmente con el ácido o la miel de nuestros deseos. Si te ves mal, estás bien para los demás, pero, si te ves bien, estás enfermo. Salud mental.

Dinero

Sin necesidad de golpes de suerte, siempre habrá una renta por cobrar o una cobertura amistosa o familiar que te saque de problemas económicas. Tu deseo de mantenerte fuera del sistema no ayuda mucho para conseguir dinero.

Amor

Cómodo, es decir, con tendencia más a ser amada o amado, que a amar a la pareja o a las demás personas, pues hay algo de misantropía y complejo de superioridad en tus relaciones amorosas, y la soledad no es tu fuerte.

Virgo ascendente Piscis, séptima emanación del alma original de Virgo, de las 6 de la tarde a las 8 de la noche, es el Rayo de Poder Guinda.

Personalidad

Lo mejor y lo peor en una misma combinación astrológica, donde hay de todo, como en botica, pero donde las emociones exageradas son las que todo lo mueven, al menos hasta alcanzar la madurez a los noventa años de edad.

Salud

Desde leves infecciones en las uñas de los pies y de las manos, hasta cólicos abdominales por las malas vibraciones emocionales descontroladas. Por lo demás se puede considerar que el organismo está en buen estado.

Dinero

Curiosamente, el mundo del trabajo, la profesión y el dinero suelen apartarse y seguir su propio derrotero con triunfos y ascensos desde muy temprano, ya que los dones y la inteligencia natural abrirán muchas puertas y caminos.

Amor

No hay que mezclar, por tanto, la profesión con los amores, pues al mezclarlos todo se rompe. Si se queda con la primera opción, a pesar de los pesares, al final puede tener una relación madura, más o menos sana, y estable. Matrimonio con Piscis.

Virgo ascendente Aries, octava emanación del alma original de Virgo, de las 8 a las 10 de la noche, es el Rayo de Poder de Bronce.

Personalidad

Activa y astuta, hábil e independiente, pero a menudo algo tozuda e impaciente, casi sin capacidad de reflexión que se lanza al primer vacío que encuentra sin pensarlo dos veces, lo que le da suerte y triunfos, o sonados accidentes.

Salud

Bastante fuerte, capaz de comer piedras y de vivir a la intemperie si hace falta, con una vida considerablemente larga y estable, pero con tendencia a las migrañas si se excede con las bebidas y los estupefacientes.

Dinero

A la fuerza ahogan, pues puede ser una persona obsesiva en el trabajo cuando tiene responsabilidades que mantener, o del todo haragana y perezosa si no ve utilidad a sus esfuerzos laborales. Sabe defenderse si lo necesita, y ganar muy bien.

Amor

Al no darse cuenta de quién le quiere, puede ser o parecer una persona grosera y cruel que pisotea los sentimientos ajenos, demasiado pagada de sí misma como para amar a alguien más. Sin embargo, habrá amores apasionados de verdad.

Virgo ascendente Tauro, novena emanación del alma original de Virgo, de las 10 de la noche a las 0 horas, es el Rayo de Poder Verde Azulado Pastel.

Personalidad

Que las inseguridades y celos de Tauro no menoscaben las certezas y capacidades de Virgo, porque por lo demás, es una buena combinación para triunfar en diferentes campos de la vida, pues brinda conocimiento, dones y estabilidad.

Salud

Problemas mínimos de salud, aunque debería cuidar más su salud dental, que puede venir mal hereditariamente. Larga y sana vida por lo demás, conservando incluso la belleza y prestancia de la juventud.

Dinero

Más de lo que parece, pero quizá menos de lo que necesita para cumplir sus sueños, unos sueños que pocas veces rebela. El comercio se le da bien, pero quizá apueste más por la inseguridad de las artes o las limitaciones de la docencia.

Amor

Para toda la vida, a menos que la traición y el orgullo aparezcan, porque entonces del estado más enamorado puede pasar a la frialdad absoluta y a la separación. Sus parejas tenderán a sentirse menos que usted casi siempre. Elija mejor.

Virgo ascendente Géminis, décima emanación del alma original de Virgo, de las 0 horas a las 2 de la madrugada, es el Rayo de Poder Verde Amarillo brillante.

Personalidad

Entendimiento interior, sobre todo en lo que respecta a criticar a los demás, a creerse especial o la mejor persona del mundo, con dotes periodísticas, políticas, farmacológicas y médicas, y gran capacidad de movimientos.

Salud

Regular, o al menos no tan buena como se desearía en una persona tan orgullosa y pagada de sí misma que cree que todo lo puede. Cuide especialmente el ritmo cardiaco y la debilidad de las vías respiratorias. Al menos una pulmonía en la vida.

Dinero

Así como para otras cosa se siente o se cree un ser superior, en las cuestiones de dinero apostará por la seguridad y por la precaución tras las primeras aventuras, pues no le gusta nada vivir sin dinero. Suerte, capacidad y estabilidad.

Amor

Amor y amistad, o amistad y amor, difícil decisión, ya que las personas que podrían ser su mejor pareja emotiva, suelen ser grandes amistades o hasta familiares con los que se entiende a las mil maravillas. Aunque diga que no, habrá descendencia.

Virgo ascendente Cáncer, undécima emanación del alma original de Virgo, de las 2 a las 4 de la madrugada, es el Rayo de Poder Verde Plateado.

Personalidad

De apariencia consecuente y trabajadora, esta combinación da una personalidad creativa a la vez que soñadora, a la que le gusta llevar sus sueños a la realidad. Intuición, visión y sensibilidad, para darle dotes de mago o de bruja.

Salud

El médico que se cura a sí mismo, pues sus dotes esotéricas le llevan a ser una buena curandera del alma, o un doctor con toda la barba, que procura que sus puntos débiles, el sistema digestivo completo, no le arruinen la existencia.

Dinero

Buena cosecha a través de su profesión, lo que le permitirá ser altruista de vez en cuando, y repartir con los que más lo necesitan su buena fortuna, lo que no le quitará lo tacaño en otros aspectos. Ganancias y reconocimientos.

Amor

Puede ser muy estable durante mucho tiempo, aunque algo inseguro y frágil, que puede reventar como un globo ante cualquier herida o descontento, para convertirse en un verdadero drama lleno de lamentos. Procure no jugar a las telenovelas.

Virgo ascendente Leo, duodécima emanación del alma original de Virgo, de las 4 a las 6 de la mañana, es el Rayo de Poder Verde Dorado.

Personalidad

Dime de qué presumes, y te diré de qué careces, dice el dicho, aunque en esta combinación se suele presumir de todo, de lo bueno y de lo malo, siempre con el fin de satisfacer el ego y llamar la atención. Dones no le faltan, pero los exagera.

Salud

Incluso en el terreno de la salud le gusta llamar la

atención y estar mimado y bien atendido, tanto si está enfermo como si no lo está. Aparte del dramatismo, sus puntos débiles son los intestinos grueso y delgado, la obesidad y la mala digestión.

Dinero

Hará todo lo posible por conseguirlo y poderlo presumir a los demás, por lo que a menudo recurrirá a los juegos de azar, con el peligro de la ludopatía; y algún premio tendrá, pero le será más rentable el trabajo. Empresario o abogado.

Amor

El mejor que pueda, el que más luzca, haciéndole ascos o desprecios a las personas que considere pobres, feas, tontas o poco adecuadas para sus pretensiones. Su castigo debería ser la soledad, pero no, pues encontrará lo que desea. Siempre hay un roto para un descosido, y una media sucia para un pie podrido.

Activación

El Rayo de Poder Verde de Virgo se activa con la humildad, la paciencia y la vocación de servicio.

Quien tiene este Rayo de Poder lo tiene todo y puede darlo todo, porque no hay mayor satisfacción que comprender que servir a los demás es servirse a uno mismo.

La vanidad del primer plano siempre es una oscura trampa que opaca el brillo de tu Rayo de Poder, y el pecado favorito de los demonios.

Activa tu Rayo de Poder Verde Brillante y consigue lo que deseas.

VIII
EL RAYO DE PODER
DE LIBRA
(23 DE SEPTIEMBRE AL 22 DE OCTUBRE)

*La belleza puede ser
todo un poder,
pero también una
enemiga vanidosa,
malvada y traviesa.*

Hay personas que con un solo don hacen maravillas, y otras que con todos los dones recibidos no saben qué hacer con ellos, pues decidir en la indecisión es un problema, algo que le sucede a la gente de Libra habitualmente.

La leyenda cuenta que con Libra se acaban las primeras familias y se adentra en la zona espiritual del pesado de almas antes de los grandes y radicales cambios, como la muerte y la resurrección que convierte al gusano en hermosa mariposa, para alcanzar las alturas del alma, o para regresar y repetir la existencia hasta que se haga bien y trascienda a una nueva experiencia, siguiendo los pasos de Libra, el pesado de las almas, Escorpio, la transformación, y Sagitario, la liberación que abre las puertas de Capricornio al mundo espiritual.

Lo social y lo trascendental se disponen en cada plato de la Balanza, cada una con su peso específico, pero donde no debe haber competencia, sino equilibrio, porque no importa lo que pese cada plato, sino que el fiel central de la Balanza se mantenga firme y en pie.

Libra a menudo es representado por un pelícano, por su capacidad de sacrificio, y en otras como un tablero de ajedrez, símbolo mágico del sendero espiritual, donde el bien y el mal, lo blanco y lo negro, juegan su particular partida.

Las mujeres Libra del primer decanato representan la capacidad de sacrificio; las del segundo decanato el fiel de la balanza; y las del tercer decanato el tablero de ajedrez.

Por su parte, los hombres Libra del primer decanato representan la virtud; los del segundo la justicia; y los del tercero la armonía siempre en ascenso.

Ambos pueden ser muy bellos de cuerpo y alma, pero a menudo les falla la belleza de mente, ya que dudan de todo y hasta de sí mismos, y algunos se pierden en la moral social y conveniente, en lugar de atreverse a alzar el vuelo.

De esta manera cada ascendente de Libra emana un Rayo de Poder determinado que se instala en el alma desde el nacimiento hasta la muerte, y que se expresa y activa de manera espontánea para que viva las vitales experiencias y así aprenda.

EMANACIONES EXISTENCIALES DEL ALMA ORIGINAL DE LIBRA

Libra ascendente Libra, primera emanación del alma original de Libra, de las 6 a los 8 de la mañana, es el Rayo de Poder Azul intenso.

Personalidad

Buena tendencia al equilibrio y la armonía por partida doble cuando se alcanza la justicia entre ambos platos; pero al desequilibrio cuando un plato pesa más que el otro. No hagas sacrificios innecesarios, todo en su justa medida.

Salud

Los riñones y las lumbares son el principal defecto orgánico de Libra, y en este caso pueden ser dobles, si no se equilibra la alimentación, la hidratación y los ejercicios físicos. Por lo demás, buena fortaleza e incluso belleza personal.

Dinero

Dicen que más vale dar que recibir, porque el que da tiene para dar, y el que no tiene, ni siquiera lo recibido le cunde. Todo lo que esté relacionado con la ley será beneficioso para tus finanzas, elije el lado correcto de la ley.

Amor

Somos lo que aprendemos, por lo que tus relaciones amorosas serán muy parecidas a las de tus padres. Procura evaluar y evitar malos ejemplos, y tener valor y ánimo para seguir los correctos. Paternidad responsable.

Libra ascendente Escorpio, segunda emanación del alma original de Libra, de las 8 a las 10 de la mañana, es el Rayo de Poder Cobre Brillante.

Personalidad

A veces un poco extraña y taciturna, pero funcional, con buenas habilidades para el dibujo y el diseño, las nuevas tecnologías y para trabajar en la sombra, pero con buenos rendimientos. La discreción es un valor al alza.

Salud

Algunos problemas de fertilidad en los hombres, y de exceso de fertilidad en las mujeres, que en ambos casos debe tratarse clínicamente. Debilidad en las piernas y prostatitis, o inflamación de la vejiga. Cuidado con los tóxicos alimenticios.

Dinero

No está nada mal, y la fortuna tocará por lo menos una vez en la vida, pero, ya se sabe, siempre se quiere más y nunca es suficiente. Con el tiempo se preferirá la seguridad de un salario mensual, que las pocas alegrías de ser independiente.

Amor

Bueno en las segundas oportunidades, adoptando hijos o con personas viudas o separadas. Bonhomía en el trato que al final resulta una buena apuesta para los matrimonios y las parejas duraderas. La bondad da frutos de felicidad.

Libra ascendente Sagitario, tercera emanación del alma original de Libra, de las 10 de la mañana a las 12 del mediodía, es el Rayo de Poder Rojo Azulado, o Granate.

Personalidad

Comunicativa, expansiva, abierta y parlanchina, con ganas de contarlo y de saberlo todo, por lo que el periodismo o ser influyente en las redes sociales será una forma de ser y estar en este mundo. Facilidad para los idiomas.

Salud

De la cintura para abajo habrá ciertos problemas y alguna deficiencia, sobre todo en el pie izquierdo y en la pierna y ante pierna derecha, tanto de nacimiento como por accidente, así que extreme las precauciones.

Dinero

El necesario para llevar una vida digna de obrero o empleado; y mucho mejor si se dedica a la empresa minera o de metales, de maquinaria pesada y relacionada con el extranjero. De una u otra manera habrá cobertura para sus necesidades.

Amor

No hay mejor amor que el de los amigos, los hermanos y los compañeros, por eso es posible que forme hogar con una persona cercana con la coincida en el trabajo. El amor pasional es agradable, pero sin amistad y confianza mutua no hay futuro.

Libra ascendente Capricornio, cuarta emanación del alma original de Aries, de las 12 del mediodía a las 2 de la tarde, es el Rayo de Poder Azul Anaranjado.

Personalidad
El hogar, las raíces y las tradiciones siempre tendrán mucha importancia e influencia en su manera de ser y actuar, por lo que por mucho que ascienda en la vida, rara vez se alejará de su entorno infantil y de su hogar.

Salud
Debe tener cuidado con todo el sistema óseo y articular, ya que hay algo de falta de calcio y colágeno desde la infancia lo que puede convertirse en huesos frágiles con la edad. Consuma los productos que ayudan a fortalecer este tema. Longevidad.

Dinero
Todo lo que esté relacionado con el campo, la ganadería, la montaña y la minería le procurará muy buenas ganancias, sobre todo si forman parte de su vida desde la infancia. La ambición creativa y positiva es muy buena, no tema ambicionar.

Amor
Tendencia a formar hogar, pareja y matrimonio con una persona muy cercana, prima o similar, o del entorno de la infancia, aunque hayan dejado de verse por muchos años. A menudo el amor está donde uno menos se lo espera.

Libra ascendente Acuario, quinta emanación del alma original de Libra, de las 2 a las 4 de la tarde, es el Rayo de Color Azul Tornasolado.

Personalidad
Nadie puede contra lo que está escrito, así que en lugar de luchar contra molinos de viento, escriba su propio

destino sin ningún miedo. Carácter quijotesco que quiere siempre salvar al mundo, incluso cuando el mundo no quiere ser salvado.

Salud

Un poco infantil casi siempre, por lo que puede padecer sarampión o viruela en una edad adulta o avanzada. Su talla o su físico también pueden ser algo infantiles, aunque su salud en general y sus destrezas físicas sean evidentes.

Dinero

Siempre habrá una oportunidad, una mano amiga, un hermano o hasta un familiar indirecto que le preste, le ayude o le abra las puertas, por lo que de usted depende de lo que haga con esas ayudas.

Amor

Algo desconcertante, sobre todo si intenta imponerle a la pareja un estilo de vida determinado. Posibilidades de dos o tres matrimonios hasta que comprenda que se casa con una persona independiente, y no con alguien que deba obedecerle.

Libra ascendente Piscis, sexta emanación del alma original de Libra, de las 4 a las 6 de la tarde, es el Rayo de Poder Marrón o Café Claro.

Personalidad

Hay días, meses y años que no hay quién te entienda, pues además de voluble y cambiante, eres algo necio y radical en esos cambios, para volverlos a cambiar cinco minutos más tarde. Sin embargo, tienes vocación de servicio y altruismo.

Salud

Tendencia a los derrames cerebrales y a las enfermedades autoinmunes, sobre todo si hay evidencias genéticas o hereditarias. Además, el páncreas y el hígado no son muy resistentes que digamos. Habrá que cuidarse más que otra gente.

Dinero

Los bienes materiales normalmente no caen del cielo, pero en tu caso sí pueden hacerlo, para que emprendas los negocios más locos que existan, que pueden salir mal, lógicamente, o increíblemente bien a pesar de todo. No temas, atrévete.

Amor

Eres la reina o el rey de los autosabotajes en lo que a amores se refiere, por lo que a menudo más de una posible pareja se te escapará de las manos justo en el momento menos oportuno. No te deprimas ni te eches sal en contra. Ánimo.

Libra ascendente Aries, séptima emanación del alma original de Libra, de las 6 de la tarde a las 8 de la noche, es el Rayo de Poder Guinda.

Personalidad

Un poco o un demasiado contradictoria, porque a veces quieres la paz, pero otras veces te lanzas de cabeza a la guerra sin pensarlo dos veces. No eres mala persona, pero sí muy fácil de provocar y de irritar.

Salud

La bilis será tu peor compañera, lo mismo que el sistema endocrino, que te puede engordar o adelgazar demasiado a pesar de las calorías. Tienes fuerza de arranque y hasta agilidad inesperada, pero no mucha resistencia.

Dinero

A pesar de tus defectos y contrariedades, tendrás buena capacidad para adaptarte a diferentes empleos, e incluso ciertas dotes empresariales, por lo que podrás salir adelante sin demasiados contratiempos. Un hermano siempre te ayudará.

Amor

No eres moneda de oro para caerle bien a todo el mundo, sin embargo, sí podrás romper varios corazones que se apiaden de ti. Tienes cierta tendencia a maltratar a la gente, como si de esa forma mostraras interés o cariño. Te equivocas. Posible matrimonio contra Aries.

Libra ascendente Tauro, octava emanación del alma original de Libra, de las 8 a las 10 de la noche, es el Rayo de Poder doblemente Azul.

Personalidad

El rey de la contabilidad, o la señora de las cuentas, con buenas posibilidades en las ciencias físico matemáticas, así como en los concursos de belleza, pues la influencia de Venus favorece mucho tu apariencia estética.

Salud

No es un tesoro, pero generalmente es buena o muy buena, con algunos problemas de garganta o de sensibilidad genital, pero poco más. De cualquier manera, hay que tener cuidado con las operaciones estéticas, sobre todo si no hacen falta.

Dinero

Facilidad para general ingresos prácticamente en todo lo que te propongas, desde el funcionariado hasta la diplomacia, y desde la contabilidad hasta la computación o la informática. Nunca pidas poco por tu trabajo.

Amor

Estabilidad emocional la mayoría de las veces, sobre todo si no pones condiciones o cláusulas a la pareja. El matrimonio bien puede ser un negocio, pero el exceso de reglas asfixia a cualquiera. La belleza también puede ser un obstáculo.

Libra ascendente Géminis, novena emanación del alma original de Libra, de las 10 de la noche a las 0 horas, es el Rayo de Poder Verde Marino Intenso.

Personalidad

No demasiado fácil, aunque con mucho carisma, simpatía y sociabilidad, porque en la intimidad siempre crees tener la razón y das consejos tontos y que nadie te pide, sobre todo en cuanto a comportamiento. Eres una persona moralista.

Salud

Algunos problemas de desarrollo en la infancia, junto a uno que otro trauma en relación con la familia, aunque tu cuerpo será ágil y dinámico, capaz de hacer piruetas y otras gracias gimnásticas. Con la edad los riñones darán molestias.

Dinero

No demasiado estable a pesar de tus capacidades creativas e inventivas, pues el deseo de convertir un papel en una máquina a veces pierde de vista las ganancias, o confunde lo grandioso con lo enorme. Saldrás delante de cualquier manera.

Amor

Por muchas relaciones que tengas gracias a tu carácter, la verdad es que solo tendrás un solo amor grande y verdadero, que quizá no sea la mejor persona del mundo, pero que se quedará instalada en tu alma y en tus recuerdos.

Libra ascendente Cáncer, décima emanación del alma original de Libra, de las 0 horas a las 2 de la madrugada, es el Rayo de Poder Violeta Intenso.

Personalidad

Más sensible de lo que pueda parecer a simple vista. Apariencia alegre y firme, pero corazón emocional y débil. Ten en cuenta que la maternidad y la paternidad son parte de la vida, pero no la vida misma. No te aferres a los sentimientos.

Salud

Hay que cuidar sobre todo la salud mental o la salud emocional, ya que muchos de tus males y enfermedades proceden de malestares internos. Por lo demás tu salud es buena y duradera. No te comas por dentro.

Dinero

Buena suerte en los negocios, sobre todo si son de alimentación o de bebida, sin dejar de lado la construcción y la arquitectura. Evita la pereza mental y la rutina, e innova siempre para lograr nuevas metas.

Amor

Algunas veces trágico, otras veces doloroso, y con dos o tres cambios de pareja, hasta encontrar una buena y sana compañía que te soporte además de quererte, o dejar de buscar amores y centrarte en una sana soltería.

Libra ascendente Leo, undécima emanación del alma original de Libra, de las 2 a las 4 de la madrugada, es el Rayo de Poder Azul Marino Dorado.

Personalidad

Buena y resplandeciente, aunque a veces no es suficiente con ser bueno y hay que optar por ser el mejor. Tus habilidades políticas te sacarán de muchos problemas, pero no debes abusar de tu buena suerte. Caes bien de entrada.

Salud

No está mal, aunque hay posibilidades de quedarse

142

calvo antes de tiempo, o de tener problemas de piel en las mujeres. Prefiere el buen funcionamiento a la estética, porque lo hermoso no quita lo enfermo.

Dinero

Entre herencias y trabajo propio puedes juntar un buen capital, pero procura que el orgullo no te lleve a regalar el fruto de tu esfuerzo y darle de más a tu expareja. No permitas abusos ni siquiera de parte de los hijos.

Amor

El amor no siempre resulta ser lo prometido, y la verdadera personalidad de la pareja se conoce en el rompimiento, no en el enamoramiento. Tendencia a querer o a amar lo que te hace daño. Libérate.

Libra ascendente Virgo, duodécima emanación del alma original de Libra, de las 4 a las 6 de la mañana, es el Rayo de Poder Azul Verdoso.

Personalidad

Buena combinación para expresar los más nobles sentimientos, para buscar la paz y la justicia social, el entendimiento y la diplomacia, y así evitar conflictos y malas vibraciones, aunque cuando se colma la paciencia la ira sale a gritos.

Salud

Buena salud en general, pero de cualquier manera hay que cuidar los intestinos y las vías urinarias, así como los enfados y el derramamiento de bilis. La paz y la salud mental repercuten positivamente en el organismo.

Dinero

Buena capacidad productiva en diversos terrenos, desde la escritura y la filosofía, hasta la jardinería y la gastronomía. Todo lo que sea servir y embellecer va a favorecer tus ganancias y a llenar tu bolsillo.

Amor

A veces un poco contrariado por las malas elecciones que se hacen en la vida, así que ten cuidado al elegir para no repetir varias veces la misma historia. Siempre tienes la posibilidad de vivir en sana soltería.

Activación

En todos los casos el Rayo de Poder Azul marino de Libra se activa con el sacrificio, renunciado realmente a algo o a alguien por su bien y crecimiento, y no por satisfacer a nada ni a nadie, ni siquiera a uno mismo.

La bondad y la belleza de este Rayo de Poder, es el verdadero camino.

Ejecuta tu Rayo de Poder Azul Marino y consigue lo que deseas.

IX
EL RAYO DE PODER
DE ESCORPIO
(23 DE OCTUBRE AL 21 DE NOVIEMBRE)

La vida es una experiencia
y parte de la existencia,
la primera dura poco,
la segunda es eterna.
No temas.

Nada más enigmático, profundo y misterioso que el Rayo de Poder Marrón, Bronce o Cobre, que anima al signo de Escorpio, lleno de una extraña vida interior que a menudo sorprende o da miedo a los que le rodean, pues además de representar la fatalidad, es imprevisible, incluso cuando parece la persona más afable y tranquila del mundo.

Esotéricamente hablando el Escorpión es el ser las transformaciones y las transmutaciones vitales y espirituales, donde la vida material se convierte en fantasía y la fantasía se convierte en vida material, en realidad casi palpable, con los cambios radicales que ello conlleva desde la concepción, la procreación, el milagro de la vida y el final que conduce al más allá en una nueva existencia.

El poder interior puede convertirse en el poder exterior, y viceversa, como si de un continuo renacimiento se tratara, dejando que la nueva vida se coma a su madre, la vida anterior, y se de a luz una nueva consciencia.

Por eso la gente de este signo a veces es difícil de comprender, por mucho que ella comprenda perfectamente desde su interior, que rara vez rebela, lo que es el mundo y la existencia.

La mujer Escorpio de primer decanato es una guerrera, apasionada y que va en contra de todos y de todo, pues comprende la farsa de la vida; la del segundo decanato es la bruja, la maga, la química, la hechicera, que mueve las energías y transforma las materias; mientras que la del tercer decanato es la Escorpio tranquila, serena, la de las pesadillas, casi espiritual, que todo lo calla y que nada inventa.

El que sí inventa, y mucho, es el hombre Escorpio del primer decanato; el del segundo decanato lo inventa, lo investiga y lo plasma; y el tercero se dispara en varios sentidos, como guerrero, como delincuente, como policía o como paria, pues en el fondo es un explotar constante del alma.

De esta manera, cada ascendente de Escorpio emana un Rayo de Poder determinado que se instala en el alma desde el nacimiento hasta la muerte, y que se expresa y activa de manera espontánea.

EMANACIONES EXISTENCIALES DEL ALMA ORIGINAL DE ESCORPIO

Escorpio ascendente Escorpio, primera emanación del alma original de Escorpio, de las 6 a los 8 de la mañana, es el Rayo de Poder Marrón o Bronce.

Personalidad

Punzante, siempre dispuesta a investigar y a imaginar, a prevenir y a sortear toda clase de problemas y de peligros, reales o imaginarios, con una fuerte capacidad de creación y de seducción, que puede utilizar sin miramientos.

Salud

Su salud suele ser buena, o muy buena, incluso en su zona débil, los órganos sexuales y reproductores, aunque el exceso de imaginación le puede jugar una mala pasada a su salud mental.

Dinero

Buen desarrollo económico en todo lo que sea creativo, desde la pintura hasta las nuevas fórmulas de química, pero rara vez dependiente de sueldos fijos, porque sin incentivos poco mueve sus intereses.

Amor

A pesar de sus fantasías y de su capacidad de seducción, suele tener al menos un largo y productivo matrimonio, donde buena parte de sus esfuerzos están dedicados a la familia, al menos hasta que la tentación de nuevas aventuras le distraigan.

Escorpio ascendente Sagitario, segunda emanación del alma original de Escorpio, de las 8 a las 10 de la mañana, es el Rayo de Poder Granate Metálico.

Personalidad

Fuerte y ambiciosa, con ganas de comerse al mundo y conocerlo personalmente, y con un especial gusto por los deportes de riesgo y las aventuras peligrosas, sin importarle demasiado las consecuencias.

Salud

También fuerte y decidida, activa y atlética, obviamente inclinada a los accidentes, las fracturas, sobre todo de caderas, y otros que pueden derivar en la pérdida de un miembro, un dedo o algo de vista. Riesgo permanente.

Dinero

Buena capacidad para conseguir patrocinadores y para sacarle rendimiento a sus habilidades, incluso a las menos recomendables. Correrá riesgos incluso dentro de un laboratorio para aumentar sus ingresos.

Amor

Bastante estable si se le compara con su personalidad y habilidades, ya que, a pesar de su alma aventurera, en el amor suele necesitar de afecto, comprensión y paciencia por parte de su pareja.

Escorpio ascendente Capricornio, tercera emanación del alma original de Escorpio, de las 10 de la mañana a las 12 del mediodía, es el Rayo de Poder Anaranjado Bronce.

Personalidad

Siempre ascendente, siempre queriendo llegar a la cima sin importarle los obstáculos o los peligros del ascenso, a menudo bastante personalista y poco dado a escuchar indicaciones o consejos.

Salud

Posibles caídas que afecten a las articulaciones, las dorsales y las rodillas, así como peligro de aplastamiento o desplome, por lo demás suele gozar de un organismo que se recupera fácilmente.

Dinero

A medida que avance en la vida su economía se irá haciendo más sólida, y aunque no sepa muchas cosas, las cosas que sabe las hace muy bien y saca rendimiento a sus habilidades. Tenacidad y constancia.

Amor

Los amores no son su fuerte, pero tiene muchas posibilidades de encontrar a la pareja más o menos ideal que le acompañe en muchas de sus empresas y que le represente la seguridad que a menudo le falta en los sentimientos.

Escorpio ascendente Acuario, cuarta emanación del alma original de Escorpio, de las 12 del mediodía a las 2 de la tarde, es el Rayo de Poder Tornasolado Metálico.

Personalidad
Accidentada en todos los planos y terrenos, con el pequeño defecto de pensar mucho y no actuar tanto como piensa. Muy activa, pero a menudo en cosas que no valen la pena. Sin embargo, goza de una gran inteligencia.

Salud
Tendencia a toda clase de accidentes, sobre todo los relacionados con cortes profundos, quemaduras y explosiones. Digamos que tiene un poco de mala suerte o de ser distraído en exceso, pues sus pensamientos lo apartan del mundo real.

Dinero
Puede ser una máquina de trabajo y de concentración en lo que hace, tanto si es autónomo como si es empleado, a pesar de su tendencia a distraerse con sus propios pensamientos. Buenas ganancias.

Amor
Clara tendencia a la estabilidad amorosa y matrimonial, capaz de comprender, perdonar o aceptar los errores ajenos, pero terrible, rencoroso y vengativo si se siente realmente traicionado o traicionada, porque entonces explota.

Escorpio ascendente Piscis, quinta emanación del alma original de Escorpio, de las 2 a las 4 de la tarde, es el Rayo de Color Marítimo Profundo.

Personalidad
Amorosa y tierna, pero algo inestable, con una lógica aplastante que da poco lugar a las creencias religiosas e ideológicas, y hasta de la vida diaria, porque lo que no ve claro o no entiende, lo expresa claramente.

Salud

Aunque se deja comer por los hijos y sufre sus deficiencias y enfermedades como si fueran propias, goza personalmente de muy buena salud y una muy buena capacidad para los deportes acuáticos.

Dinero

Poco a poco y sufriendo lo mínimo, irá asentando su economía, que va desde la relación con el mar y los peces, hasta con los ríos y lagos de alta montaña. También es hábil en el cuidado de los demás y en la enfermería en particular.

Amor

Suave y dulce que lo acepta casi todo, pero radical en los cambios, pues no duda en apartarse de aquello que no entiende o que no le satisface. La necesidad interior de ser madre o padre le procurará al menos un buen matrimonio.

Escorpio ascendente Aries, sexta emanación del alma original de Aries, de las 4 a las 6 de la tarde, es el Rayo de Poder Marrón Encarnado.

Personalidad

Dedicada al servicio público, a proteger y a ayudar a los demás, incluso con riesgo de su propia vida, es decir, con claro carácter de policía o soldado, incluso de guardaespaldas o espía.

El riesgo siempre presente.

Salud

Muy buena, pero siempre en peligro por el carácter y la personalidad que le animan y que no puede contener. Las migrañas o las cefaleas, así como cierta e incómoda fotosensibilidad le acompañarán buena parte de su vida.

Respire.

Dinero

Se puede decir que en este terreno siempre estará cubierto, incluso si practica profesiones peligrosas o artes marciales, o si simplemente es un empleado de correos, porque le gusta estar bien, pero no lo desvela el dinero.

Amor

Apasionado, fantasioso y hasta algunas veces exagerado, poco fiel y poco estable, con el peligro como fuente de excitación siempre al lado, y que por tanto hace que el amor y el sexo sean para usted un riesgo agradable y constante.

Escorpio ascendente Tauro, séptima emanación del alma original de Escorpio, de las 6 de la tarde a las 8 de la noche, es el Rayo de Poder Guinda.

Personalidad

Estabilidad y seguridad ante todo, con los riesgos asumidos y controlados, paciente y tenaz, discreta y confiable, aunque con uno que otro temor infundado, porque no le gustan las amenazas, aunque sean pura fantasía o poco fundamentadas.

Salud

Más o menos buena, con tendencia a la obesidad, aunque no mórbida, problemas infantiles de oídos, achaques o infecciones en la garganta y en los párpados, pero con buena capacidad para la fertilidad, la maternidad y la paternidad.

Dinero

La seguridad y la estabilidad económica ante todo, y a partir de ahí a ahorrar y a conseguir lo que se desea materialmente. Valerse por sí mismo será importante, porque la ayuda externa de amigos y familiares será escasa.

Amor

Para toda la vida, porque puede haber uno que otro noviazgo, pero la unión de pareja es definitiva, a menos que enviude, que es otra de sus características. La maternidad o la paternidad serán importantes y hasta abundantes.

Escorpio ascendente Géminis, octava emanación del alma original de Escorpio, de las 8 a las 10 de la noche, es el Rayo de Poder de Bronce Amarillo.

Personalidad

Desconcertante, pues los demás casi nunca saben cuándo está de pésimo, mal o buen humor, ya que la sonrisa y la risa tampoco reflejan un estado de buen talante, porque por dentro bulle un volcán algo molesto y amenazante, o frialdad total.

Salud

Hay que tener especial cuidado en todo el sistema respiratorio, y en uno que otro quiste de ovario. También debe cuidar sus manos, sobre todo si trabaja con metales o con objetos punzocortantes.

Dinero

Las carnicerías y las pescaderías pueden ser su principal fuente de ingresos, ya sea de forma directa o indirecta, por vía familiar o por matrimonio. Por otra parte, tiene buenas habilidades para la medicina, la biología y la nutrición.

Amor

¿Huir o no huir de un matrimonio arreglado? Esa es la cuestión, porque a veces los matrimonios por conveniencia y pactados salen mejor que los emparejamientos por amor romántico. Usted decide.

Escorpio ascendente Cáncer, novena emanación del alma original de Escorpio, de las 10 de la noche a las 0 horas, es el Rayo de Poder Rojo Intenso.

Personalidad
Amistosa, sobre todo, pero también sentimental, emocional, dramática, posesiva y hasta trágica, si bien es cierto que a la hora de la verdad y de los problemas graves, sabe convertirse en un bloque de hielo práctico y pragmático.

Salud
No demasiado buena, con problemas de fertilidad para las mujeres y de virilidad para los hombres, así como con ciertos problemas psíquicos y emocionales que afectan su sistema linfático. Rompa con las ataduras emocionales, usted puede.

Dinero
Habrá cobertura familiar, amistosa o matrimonial, pero no se confíe y busque su libertad y sus ingresos propios. Cuenta con habilidades culinarias y psicológicas para emplearse o para tener su propio negocio.

Amor
El amor, la amistad y la familia siempre serán un buen refugio para usted, por lo que, más que sexo y pasión, se casará con quien le permita cumplir con sus deseos de maternidad o paternidad, y una vida cariñosa y estable. Huya del conflicto.

Escorpio ascendente Leo, décima emanación del alma original de Escorpio, de las 0 horas a las 2 de la madrugada, es el Rayo de Poder Bronce Luminoso.

Personalidad
A esta combinación algunos astrólogos le llaman "el egoísmo monstruoso", absorbente, acaparador, posesivo,

celoso, envidioso, que no ve a nadie más que a sí mismo, pues cree que todo el mundo debe estar a su servicio.

Salud

Podría ser muy buena, pero los deseos de llamar la atención pueden convertir en realidad los males y las enfermedades que se inventa, o padecer realmente aquellas que son de difícil diagnóstico, como las neurálgicas. El afecto cura.

Dinero

No hay duda de que tiene grandes habilidades para conseguir los bienes materiales que anhela, de una o de otra manera. Por supuesto, tiene muy buenas posibilidades artísticas e histriónicas, que le pueden dar la fama y el éxito que tanto desea.

Amor

De todos los colores y de todos los sabores, aunque que casi nunca le van a resultar satisfactorios, porque suele pensar que nadie le merece y que solo usted puede amarse como se debe. Posible matrimonio estable en la senectud.

Escorpio ascendente Virgo, undécima emanación del alma original de Escorpio, de las 2 a las 4 de la madrugada, es el Rayo de Poder Gris Metálico.

Personalidad

Casi helada, metálica, fría en el exterior, que cumple con lo que tiene que cumplir, y nada más, pero con un interior emocional que guarda de lo externo para no mostrar debilidad ni sufrir decepciones.

Salud

Generalmente buena, pues tras dos o tres problemas, aprende a cuidarse como es debido; además cuenta con una apreciable y buena constitución física y orgánica.

El metabolismo es el que puede jugarle algunas malas pasadas de obesidad.

Dinero

Tiene muy buenas posibilidades en la academia, en la educación y en las ciencias sociales y de investigación. Nunca es tarde para aprender ni para emprender nuevas dedicaciones y carreras. El mundo infantil es su fuerte.

Amor

De una o de otra manera, y a pesar de sus miedos y temores en el terreno de las emociones y los sentimientos, es muy posible que encuentre, y sin buscarla, a una buena y entrañable pareja. Suerte.

Escorpio ascendente Libra, duodécima emanación del alma original de Escorpio, de las 4 a las 6 de la mañana, es el Rayo de Poder Rosa Plateado.

Personalidad

Amistosa, sensible y en busca de alternativas o grandes empresas humanitarias, siempre dispuesta a empujar, proteger y ayudar a los demás, por lo que huye de lo convencional y odia ser cómplice del sistema.

Salud

Infecciones e inflamaciones en las vías urinarias y en los órganos reproductores, con tendencia a tragarse las emociones y sufrir sus consecuencias estomacales, renales y hepáticas. Si algo siempre le pesa, libérese y evite males y problemas.

Dinero

No será fácil a nivel personal, pero a nivel de ideas y proyectos puede conseguirlo casi todo, y con eso de paso cubrir las necesidades personales sin caer en malos manejos o corrupciones. La tentación estará presente.

Amor

Tendencia a ser madre soltera o padre soltero, porque no siempre lo que atrae o enamora es adecuado para compartir seriamente la vida. Independencia amorosa, pero no exenta de relaciones. Siga probando.

Activación

El Rayo de Poder Marrón se activa guardando un secreto, preservando un templo o un misterio.

Si emanas el Rayo Marrón eres sacerdote o sacerdotisa de nacimiento, capaz de superar los vicios empalagosos de la muerte y el peligro.

Si activas tu Rayo de Poder Marrón, serás capaz de alcanzar las estrellas.

X
El Rayo de Poder
de Sagitario
(22 de noviembre al 21 de diciembre)

Hasta el Universo
es pequeño,
cuando se lanza al viento
la flecha apasionada
del espíritu.

Tras el pesado de alma en Libra, y la profunda transformación de Escorpio, llega el Centauro para lanzar la flecha del espíritu más allá de las puertas del Cielo, donde el mítico Titán Saturno le espera.

El espíritu se eleva sin necesidad de religiones, dioses o creencias, como un Rayo de Poder que asciende, porque está dentro de todos y cada uno de nosotros.

Nadie ni nada carece de la Luz Eterna y Continua, y no hay sombras ni oscuridad lo suficientemente profundas como para negar su existencia.

La chispa más humilde rasga la negrura más oscura del espacio.

Cuando se dispara la flecha, se dispara a uno mismo.

No importa por las pruebas que haya que pasar, ni las opiniones o interpretaciones ajenas, ni los desalientos propios, porque al final de los finales el espíritu siempre sale reluciendo.

Es por eso que no se puede comparar lo material ni lo mental ni lo emocional con lo espiritual. Esta vida es lo que es esta vida, pero el verdadero espíritu es otra cosa que ni siquiera entendemos la mayoría de las veces.

Por ejemplo, las mujeres Sagitario del primer decanato pueden ser monjas, pero a la vez estar muy lejos del espíritu que anhelan; las del segundo decanato son arduas trabajadoras, ambiciosas e independientes y materialistas, pero más espirituales que las monjas; y las del tercer decanato, visionarias como son, viven en varios mundos a la vez, espiritual y material, sin reconocer la mayoría de las veces cuál es cuál.

Los hombres Sagitario del primer decanato son promotores de todo y de nada, apegados a las normas y a las leyes; los del segundo decanato son legisladores seglares y eclesiásticos, tan tacaños como pródigos; y los del tercero aparecen como el motor empresarial y viajero que mueve al mundo.

Todos ellos, hombres y mujeres, a veces espirituales, otras no, tienden a creer demasiado en lo que los mueve profundamente, material o espiritual, bueno o malo, con el molesto detalle de volverse fanáticos o paranoicos y confundir la locura con la realidad, por lo que deben estudiar, aprender y equilibrar sus pensamientos antes de opinar.

Cada ascendente de Sagitario emana un Rayo de Poder determinado que se instala en el alma desde el nacimiento hasta la muerte, y que se expresa y activa de manera espontánea.

EMANACIONES EXISTENCIALES DEL ALMA ORIGINAL DE SAGITARIO

Sagitario ascendente Sagitario, primera emanación del alma original de Sagitario, de las 6 a los 8 de la mañana, es el Rayo de Poder Granate Intenso.

Personalidad
Se podría decir que casi sacerdotal, aunque no exactamente espiritual, sino de forma jerárquica y hasta autoritaria, creyendo estar bien porque los demás están mal. Necesidad de comprender y de madurar.

Salud
Buena en términos generales, aunque a las mujeres

puede darles problemas del corazón, e incluso un poco de esquizofrenia; y a los hombres malestares en la glándula tiroidea.

Dinero

Grandes ganancias, o grandes pérdidas; grandes ingresos, o grandes errores; buen aprendizaje de todas maneras para hallar el camino correcto hacia el bienestar y la abundancia. Trabaje para vivir, no viva para trabajar.

Amor

Familiar y hasta matrimonial de la forma más tradicional posible, incluso si su primera intención es hacerse cura, sacerdote o santón, o incluso monja, pues el amor y la compañía también son actos de fe.

Sagitario ascendente Capricornio, segunda emanación del alma original de Sagitario, de las 8 a las 10 de la mañana, es el Rayo de Poder Granate Anaranjado.

Personalidad

Normalmente de lucha interna, viviendo en el pasado o en el futuro, olvidándose del presente, aunque siempre más centrado en lo que pudo haber sido y no fue, o en lo que fue y no se mantuvo. Carácter tradicionalista y moral.

Salud

Problemas de movilidad, por la cadera (muy sensible en la ancianidad), las piernas, las rodillas, las pantorrillas, los tobillos y las plantas de los pies; pero con una buena longevidad garantizada por los astros.

Dinero

A rastras o del rastro, porque es capaz de sacar oro de donde no lo hay, y de transformar los errores y los problemas en experiencias de buena suerte. Es muy raro que esta combinación no llegue a la cima económica que se plantee.

Amor

Puede casarse tanto con una idea, una empresa, una religión, una secta o con una persona, porque no le falta fidelidad y entrega, lo único que hace falta es que la otra parte le comprenda y le acepte tal como es.

Sagitario ascendente Acuario, tercera emanación del alma original de Sagitario, de las 10 de la mañana a las 12 del mediodía, es el Rayo de Poder Tornasolado Encarnado.

Personalidad

Lucha interna entre el pensamiento claro, lógico y revolucionario, contra las creencias, las ideologías o las tradiciones, por lo que intentará hacer una mezcla de todas ellas. Creer y saber no se pueden entender.

Salud

Algunos problemas de cabeza, tanto por fuera como neurológicamente por dentro, así como una que otra deficiencia olfativa o sensitiva. Buena capacidad para encontrar el remedio científico para sus dolencias.

Dinero

Todo lo que esté relacionado con la ciencia le dará buenas expectativas económicas, destacando las leyes y la medicina entre ellas, incluso de manera empresarial o simplemente comercial.

Amor

Problemas para hacerse responsable de sus actos, de sus descendientes y de sus parejas, con los problemas legales que eso acarrea. Hay pasiones y amores, pero también hay hostilidad, frialdad y hasta crueldad con la pareja. Rectifique.

Sagitario ascendente Piscis, cuarta emanación del alma original de Sagitario, de las 12 del mediodía a las 2 de la tarde, es el Rayo de Poder color Mar del Atardecer.

Personalidad

O todo muy bien, o todo muy mal, prácticamente sin término medio, sobre todo en lo que le exige a los demás, porque personalmente puede ser muy voluble, algo rencoroso y hasta vengativo.

Salud

Generalmente buena, aunque con algunos problemas hepáticos y digestivos, sobre todo si viaja frecuentemente y cambia de aguas y de platillos. También debe cuidar las afecciones de las manos y de los pies por contagio de hongos.

Dinero

Todo lo que sea emprender, comprar, vender, hacer negocios, expandirse, crecer, será de lo más beneficioso desde muy joven. Pero recuerde que puede perderlo todo si la tacañería lo lleva a ser injusto con sus colaboradores. No repita errores.

Amor

Con mucha pasión y dedicación, pero básicamente centrándose en una sola pareja, ya que en los genes lleva la tendencia a las uniones tradicionales. Disfrute de la maternidad o de la paternidad siempre que pueda. No todo es trabajo.

Sagitario ascendente Aries, quinta emanación del alma original de Sagitario, de las 2 a las 4 de la tarde, es el Rayo de Color Rubí o Carmesí.

Personalidad

Todo pasión, por más que intente moderarse, con los

nervios siempre a punto de estallar, dominándose y controlándose todo lo que pueda, sobre todo a la hora de hacer negocios. Los intereses requieren diplomacia y paciencia.

Salud

Tendencia a las infecciones, el acné y los malestares dentales o dolores de muelas, en primera instancia; en segunda instancia problemas circulatorios y nerviosos, congestión nasal y piel irritable, nada más, el resto es por añadidura.

Dinero

Si puede darse el lujo de ponerse enfermo, puede darse muchos lujos más, excepto la pereza, la desidia o la negligencia. Empleado o autónomo, su espíritu es activo, audaz y claramente empresarial. Hará dinero en esta vida.

Amor

Apasionado y enamorado casi siempre, aunque también cauteloso cuando se trata de repartir, separarse o volver a juntarse, sin dejar de lado los amores imposibles o no correspondidos, que pueden convertirse en triunfos con el tiempo.

Sagitario ascendente Tauro, sexta emanación del alma original de Sagitario, de las 4 a las 6 de la tarde, es el Rayo de Poder Índigo.

Personalidad

Buenas dotes y agradables maneras, sobre todo si hay intereses materiales de por medio, porque si no, la grosería y el despotismo pueden saltar en cualquier momento mostrando lo peor de su personalidad. El demonio se lleva dentro.

Salud

De mula, de vaca, de toro o de caballo, es decir, especialmente fuerte y resistente, con leves problemas de garganta y de caderas, pero no lo suficiente para tumbarle, aunque de vez en cuando una simple gripe lo haga.

Dinero

Tiene genialidad artística y un buen olfato para los negocios, pero le falta la seguridad personal para ser protagonista de sus propias historias. Se patrocinador de otros le puede dar muy buenas ganancias, pero no abuse y reparta.

Amor

De establo, es decir, mientras más sencillo, campestre y rudimentario, mejor, sin dejar de ser sensual y apasionado; y más conflictivo y dramático mientras más refinado o elevado y urbano lo pretenda. Su alma es de campo.

Sagitario ascendente Géminis, séptima emanación del alma original de Sagitario, de las 6 de la tarde a las 8 de la noche, es el Rayo de Poder Guinda.

Personalidad

Abierta, jovial, naturista, empresarial, crítica, puntillista, mordaz y con buena brújula para detectar a las personas en las que no se pueda confiar. A pesar de ello, no faltarán las veces en que sea una persona contradictoria y poco o nada afable.

Salud

No exactamente de hierro, pero con una buena dosis de energía y capacidad de rejuvenecer y superar todo tipo de contratiempos. La experiencia le permitirá ser un buen médico de los demás y de sí mismo.

Dinero

A veces bien, a veces mal, sobre todo si se dedica a una profesión liberal como el periodismo o la literatura, pues más le vale ser editor que autor, ya que sabe vender mejor lo ajeno que lo propio. Cuidado con los fraudes y las trampas. Tentaciones.

Amor

Un tanto contradictorias sus relaciones amorosas, que a veces son solo ganas de probar o de presumir, pero que en otras ocasiones se pueden complicar y tener más de un conflicto. Posible matrimonio algo alocado con Géminis.

Sagitario ascendente Cáncer, octava emanación del alma original de Sagitario, de las 8 a las 10 de la noche, es el Rayo de Poder de Bronce.

Personalidad

A veces más sensible y emotiva de lo normal, pero otras veces del todo práctica y materialista, sin que parezca que exista un motivo claro para que sea así, porque no es capaz de controlar ciertos aspectos de su temperamento.

Salud

A veces muy disciplinada y cuidando de cada etapa de su desarrollo, salud y crecimiento, pero otras veces del todo descuidada. Las hormonas en las mujeres suelen estar desordenadas, y en los hombres harto reprimidas o controladas.

Dinero

Sin embargo, en cuestiones económicas imperará el orden, la tradición familiar, las herencias y los negocios en los que todo queda en casa. No siempre habrá grandes logros, pero sí continuidad y cantidades aseguradas.

Amor

Tradicional, pero algo conflictivo. Emotivo, pero con etapas de frialdad y desencanto, sobre todo si la pareja es Cáncer y poco ambiciosa. Algunas decepciones y falta de correspondencia afectiva, y hasta amores imposibles.

Sagitario ascendente Leo, novena emanación del alma original de Sagitario, de las 10 de la noche a las 0 horas, es el Rayo de Poder Rojo Intenso.

Personalidad

Brillante en muchos aspectos, con capacidad de orden, mando, organización y gerencia, con una madurez antes de lo esperado normalmente. Lucha interna contra el ego y la vanidad, y con algunas adicciones.

Salud

Nada mala en muchos aspectos, con algunas deficiencias cardiacas y problemas en las tiroides o el timo, que se pueden tratar perfectamente. El mayor problema es la tendencia a las adicciones y a los vicios, como el alcohol. Protéjase.

Dinero

No faltará la visión de negocio, sobre todo en lo alternativo o lo naturista, así como en los transportes y en las agencias de viajes. Buena suerte en general en las empresas y en el empleo, y hasta en los juegos de azar. No se aficione.

Amor

Bien si no se excede en sus pretensiones, y mal si baja demasiado el listón con el fin de no caer en la soledad. El término medio es lo más adecuado, basado en la confianza y en la responsabilidad afectiva mutua.

Vanidad y ego suelen echar a perder todo tipo de relaciones.

Sagitario ascendente Virgo, décima emanación del alma original de Sagitario, de las 0 horas a las 2 de la madrugada, es el Rayo de Poder Verde Rojizo.

Personalidad

La que usted quiera, ya que puede asumir varios roles sin caer en la esquizofrenia, cada uno para un momento adecuado y determinado, sin casarse con nada ni con nadie, y buscando crecer a través de las experiencias.

Salud

Problemas intestinales algo dolorosos, pero con solución médica; y algunos problemas de pies y de caderas, con solución quirúrgica. Por lo demás le costará ponerse enfermo. No le tema a la vejez, que con salud es buena compañera.

Dinero

Estable a pesar de los pesares, sobre todo si abraza el funcionariado o las leyes, el secretariado directivo y la política tras bambalinas. Incluso en el ramo de las artes puede tener una buena renta.

Amor

Los amores serán algo contrariados, ya que a veces no habrá correspondencia y amores que parecían factibles se convertirán en imposibles. Tendrá varias conquistas, pero no siempre las que desea o en verdad le interesan.

Sagitario ascendente Libra, undécima emanación del alma original de Sagitario, de las 2 a las 4 de la madrugada, es el Rayo de Poder Índigo Marino.

Personalidad

Para usted la amistad será un verdadero tesoro, aunque sea usted precisamente quien a veces falle o exija más de la cuenta, confundiendo la amistad con la obligación o, lo que es peor, con los sentimientos. Necesidad de armonía.

Salud

Los huesos pélvicos, el sacro y el coxis le darán más de un problema, y los de la cadera aún más en la senectud, por lo que debe aportar más calcio y vitamina D a su organismo. Los riñones también merecen cuidado. Hidrátese.

Dinero

Si en algún sentido los amigos le serán de utilidad, es en el tema del empleo y de los negocios, ya que contará con una buena red social para acceder a diferentes oportunidades y puestos. Desarrollo y crecimiento.

Amor

Nadie sabe lo que gana hasta que pierde a un mal amor, así que no sufra por los que se van, y ocúpese de los que se quedan. El amor y la amistad no son del todo incompatibles, sobre todo cuando se supera la edad de los deseos.

Sagitario ascendente Escorpio, duodécima emanación del alma original de Sagitario, de las 4 a las 6 de la mañana, es el Rayo de Poder Rojo Bronceado.

Personalidad

Un poco difícil para usted y para los que la rodean, pero muy responsable y hasta sacrificada si se da el caso, pero algo arisca y extraña, que salta ante cualquier contrariedad y parece huir de cualquier responsabilidad afectiva.

Salud

La procesión va por dentro, pues muchos de sus problemas de salud, a menos que sean muy graves y visuales, los esconderá y no pedirá ayuda para solucionarlos. Dolores y malestares en todas partes del cuerpo, esclerosis o fibromialgia. Cuídese.

Dinero

Es una de las pocas combinaciones de Sagitario que no se interesa especialmente por los negocios, las inversiones o las empresas, y prefiere la seguridad de un salario fijo y para toda la vida con la pensión garantizada. Se puede.

Amor

Si el amor es correspondido, confiable y estable, quizá se anime a algo serio, si no puede hacerse monja o monje, y pasar su vida amorosa a buen recaudo y lejos de las tentaciones del mundo, demonio y carne. El amor no debe ser una carga.

Activación

El Rayo de Poder Granate de Sagitario se activa con fe y devoción reales y libres de dogmas y doctrinas, es decir, desde dentro del alma y del corazón.

El espíritu debe ser lanzado como una flecha, un rayo o un relámpago que ilumine todo el cielo, aunque sea por un momento.

Recuerde que la vida cotidiana y sus avatares son solo experiencias de aprendizaje que nada tienen en común con la verdadera vida espiritual, a la cual llegará de todas las maneras sin importar lo que fue su vida en este planeta.

No dude, lance su Rayo de Poder Granate con todas sus fuerzas, y obtenga todo lo que ama, quiere y desea.

XI
EL RAYO DE PODER
DE CAPRICORNIO
(21 DE DICIEMBRE AL 19 DE ENERO)

A menudo llegar
a lo más alto
no es más que
el comienzo
del sendero hacia
un nuevo ascenso.

Dentro de las enseñanzas de los Grandes Iniciados, el signo de la Cabra es el más elevado y el más evolucionado, el que marca la cima de esta vida y abre las puertas a la experiencia de la vida espiritual.

Capricornio, en este sentido, es el Padre, y el Aguador, el que derrama los bienes celestiales sobre la humanidad, es su único hijo.

No hay madre, solo padre e hijo, regidos ambos por el antiguo dios Cronos, o Saturno, que cedió su lugar a Júpiter, Zeus, para que reinara sobre los hombres hasta que se completara el ciclo de los tiempos y Saturno volviera a gobernar.

Acuario no es un mesías, sino el reflejo de la humanidad libre, inteligente y adelantada, una vez que ha alcanzado la sabiduría, la consciencia y la lucidez de la vida espiritual tras la experiencia elevada de Capricornio, el cual, para señalar el camino, lo llena de obstáculos y pruebas, peligros y enseñanzas que se requieren en cualquier ascensión que valga la pena.

Sin esfuerzo no hay triunfo, de la misma manera que no se puede renunciar a la materia sin no se le tiene, como dijo Buda, el pobre no puede renunciar a sus riquezas porque carece de ellas.

Por tanto, el camino de Capricornio, siempre ascendente, no es fácil ni regalado, hay que luchar, insistir, tener fuerza de voluntad y valor para acceder a lo desconocido.

Las mujeres Capricornio del primer decanato, lo tienen claro, y luchan día a día por vencer los obstáculos que se les presentan; las del segundo decanato tienen que luchar contra ellas mismas y superar sus desviaciones; mientras que las del tercer decanato están avocadas al estudio y a la magia como ciencia.

Por su parte, los hombres Capricornio del primer decanato serán como cavernícolas sabios; los del segundo como verdaderas cabras de gloria y fama; y los del tercer decanato casi ermitaños, filósofos incomprendidos, y padres dedicados; pero ninguno de ellos con el aspecto de ser la puerta de acceso al mundo espiritual.

De esta manera paradójica y contradictoria, de ascensos u caídas, cada ascendente de Capricornio emanará un Rayo de Poder determinado que se instalará en el alma desde el nacimiento hasta la muerte, y que se expresará y activará de manera espontánea.

EMANACIONES EXISTENCIALES
DEL ALMA ORIGINAL DE CAPRICORNIO

Capricornio ascendente Capricornio, primera emanación del alma original de Capricornio, de las 6 a los 8 de la mañana, es el Rayo de Poder Naranja.

Personalidad
Yo, me, mí, conmigo, y no es que sea del todo egoísta, sino que le es muy difícil salir de sí mismo para compartir de verdad con los demás. Por supuesto, liberarse del yo interno le será difícil, pero casi imposible salir del yo identitario.

Salud
Bastante consistente y con una longevidad por en-

cima de la media, ya que cuenta con una especial fuerza de voluntad para vencer y superar los obstáculos que le ponga la vida en el campo de la salud. No baje la guardia.

Dinero

Nadie puede saberlo todo ni controlarlo todo, y aunque tiene muy buenas aptitudes y una curiosidad eterna, no siempre se saldrá con la suya. Aunque usted no lo crea, la bonhomía y la humildad pueden hacer su cuenta millonaria, más allá del dinero.

Amor

Es bueno amarse a sí mismo y disfrutar del amor de la soledad, pero tampoco está mal amar a los demás y probar las mieles y los sinsabores de la vida matrimonial o de pareja estable. La vida es un riesgo, pero hay que saborearlo todo.

Capricornio ascendente Acuario, segunda emanación del alma original de Capricornio, de las 8 a las 10 de la mañana, es el Rayo de Poder Índigo Metálico.

Personalidad

Buena potencia mental y capacidad de visión en la vida y los negocios, con las matemáticas y la filosofía a su lado, pero no cometa el error de creer que ya sabe demasiado, o que lo sabe todo, para poner de pretexto al aburrimiento. Viva.

Salud

Algunos problemas neurológicos en la primera etapa adulta pueden sumirle en una que otra depresión, a lo que su carácter le ayuda. La movilidad física no será su fuerte, pero cuenta con la voluntad de ser y estar para salir adelante.

Dinero

Su mente es capaz de encontrar muchas fórmulas, incluso la de ganar dinero sin demasiados esfuerzos, ya que esos esfuerzos los prefiere utilizar para crear o para alcanzar otras metas. Soluciones mágicas.

Amor

No importa cuántos defectos o virtudes tenga, pues el amor le llegará por todas partes y por todos lados, sobre todo de personas que quieran ayudarle, cuidarle, cambiarle o mejorarle en uno u otro aspecto. Usted decide.

Capricornio ascendente Piscis, tercera emanación del alma original de Capricornio, de las 10 de la mañana a las 12 del mediodía, es el Rayo de Poder Anaranjado.

Personalidad

Muy buenas capacidades para la escultura, la alfarería y el arte en general, siempre desde una posición de dirección y con una sensibilidad elevada. Su carácter es firme de entrada, pero las emociones le jugarán más de una mala pasada.

Salud

La falta de energía y el desánimo le pueden causar problemas orgánicos y deficiencias hormonales, en el caso de las mujeres; y problemas hepáticos y de la pituitaria, en el caso de los hombres. Busque incentivos vitales.

Dinero

Buena capacidad para generar ingresos de elementos de segunda mano, reciclables o ecológicos, sin dejar de lado sus habilidades artísticas y artesanales. No habrá empresa grande o pequeña que no pueda asumir.

Amor

Con dramas, emociones, celos y pasiones, hasta encontrar a alguien o algo que le dé paz y tranquilidad, y con quien realmente pueda hablar, por lo que tendrá una juventud muy movida, y una vejez harto tranquila. Paciencia.

Capricornio ascendente Aries, cuarta emanación del alma original de Capricornio, de las 12 del mediodía a las 2 de la tarde, es el Rayo de Poder Naranja Intenso.

Personalidad
De apariencia dura y fría, pero en verdad apasionada y a menudo irreflexiva, por lo que se le recomienda que piense dos veces antes de actuar o de tomar decisiones, porque todos los actos tienen consecuencias tarde o temprano.

Salud
Fuerza física y orgánica, aunque un poco orgullosa y tozuda ante las enfermedades, que, si bien algunas son figuradas o psicosomáticas, otras son del todo reales. Sea humilde y pida ayuda cuando de verdad lo necesite. Humildad.

Dinero
No tendrás demasiados problemas en este terreno, incluso si es un empleado o un sirviente, ya que tendrá la capacidad de superar la media de las ganancias en su profesión o dedicación. Buen ahorro y compra de propiedades. Poco a poco.

Amor
A veces frío y práctico, otras veces apasionado e incontrolable, pues puede pasar de la indiferencia al enamoramiento en segundos. Por otra parte, debe saber que su capacidad de seducción no le funcionarás siempre. Sobrepóngase.

Capricornio ascendente Tauro, quinta emanación del alma original de Capricornio, de las 2 a las 4 de la tarde, es el Rayo de Color Anaranjado Azulado.

Personalidad

Por una parte, constructiva, deportiva y con una buena capacidad para asumir nuevos y diferentes retos, tanto materiales como espirituales, y emocionales como esotéricos, con cierta tendencia a hacer trampa para lograr sus objetivos.

Salud

Dicen que en el amor y en la guerra todo se vale, pero no siempre funciona, ya que el conquistar a otros fingiendo enfermedades, puede ser del todo contraproducente y convertirse en enfermedades reales que nadie quiere cuidar. Un poco de locura.

Dinero

Habrá protección desde la infancia, por lo que no importará si fracasa en uno que otro negocio hasta cierta edad, porque en la madurez tendrá que lograr sus objetivos por méritos propios. Lo bueno es que puede aprender varios y diversos oficios.

Amor

El amor puede ser el eje de su vida, a pesar de ser una persona materialista, práctica y pragmática, porque necesita estímulos vitales y sentir lo que pocas veces se siente. Posibles repeticiones de las experiencias y los ejemplos maternales y paternales. Amor contracorriente.

Capricornio ascendente Géminis, sexta emanación del alma original de Capricornio, de las 4 a las 6 de la tarde, es el Rayo de Poder Naranja Amarillento.

Personalidad

La clásica movilidad de Géminis le permitirá incursionar en muchos terrenos de la vida, con la comunicación y la medicina de por medio. Sociabilidad, interés, estudios en el extranjero y hasta puestos de gobierno están a su alcance.

Salud

Más o menos buena, sin demasiadas complicaciones y con una buena capacidad para mantenerse en actividad, con energía de sobra y apariencia atractiva, agradable o joven. Pocos resfriados, pero muy intensos.

Dinero

Todo lo alternativo, novedoso, exótico o fuera de lo común, está en sus manos y le ayudará a ganar dinero, sino a montones, si en buena medida. Las patentes y la política también funcionan para usted, pero su honradez le impide llegar a más.

Amor

Más de dos o tres matrimonios o parejas más o menos fijas le esperan en esta vida, con cierta tendencia a enviudar o casarse con un paciente o con una persona enferma. A pesar de su atractivo y capacidad de seducción, alguno se le escapará.

Capricornio ascendente Cáncer, séptima emanación del alma original de Capricornio, de las 6 de la tarde a las 8 de la noche, es el Rayo de Poder Naranja Plateado.

Personalidad

Del todo contradictoria, amando lo que no debe, y despreciando lo que le conviene en casi todos los terrenos de la vida. A pesar de eso, su carácter resistente y su visión de los negocios, le sacarán de más de un atolladero emocional.

Salud

Con tendencia a las peores enfermedades, pero también con una capacidad de sanación sorprendente, casi mágica. Su estómago y sus pulmones son débiles, pero también lo son sus huesos. Nunca espere a que el mal crezca. Atiéndase.

Dinero

Puede llegar a lo más alto de la economía, pero también puede descalabrarse, por lo que no debería confiar en nada ni en nadie hasta no ver los resultados, y seguir adelante si éstos son tangibles y positivos. Triunfo en la escena o en los deportes.

Amor

De tanto amar puede llegar a gastarse, sobre todo si elige de entre lo malo, lo peor, y solo porque parece que le hacen caso, o porque cree que puede salvar o educar a alguien, algo que nunca sucede. Para sentir no hay que sufrir, despierte.

Capricornio ascendente Leo, octava emanación del alma original de Capricornio, de las 8 a las 10 de la noche, es el Rayo de Poder de Naranja Dorado.

Personalidad

Hasta bien avanzada la madurez, se creerá o pensará que el resto del mundo es sumiso, sucio, zafio, ignorante, ladino, convenenciero, incapaz de rebelarse y hasta cómplice del sistema y de los males que les aquejan. Luego se pensará igual.

Salud

Las afecciones respiratorias y cardiacas serán habituales, pero rara vez fatales; además la vesícula biliar siempre estará en juego, y los dolores de cabeza y de estómago serán frecuentes. Aun así, no se aceptará estar enfermo.

Dinero
La fortuna no será nada esquiva, y eso aumentará el ego, la prepotencia y los aires de grandeza, en lugar de mover a la tranquilidad económica, la humildad y la solidaridad. Generosidad solo para quedar bien y gozar de buena reputación.

Amor
Cuentan y dicen que afortunado en el juego, desafortunado en el amor, aunque en este caso es posible que la persona ni siquiera se dé cuenta de que despierta muy poco afectos, pues se cree demasiado buena como para que no la quieran.

Capricornio ascendente Virgo, novena emanación del alma original de Capricornio, de las 10 de la noche a las 0 horas, es el Rayo de Poder Verde Anaranjado.

Personalidad
No siempre hay un buen entendimiento entre estos dos signos de Tierra, sin embargo, da una personalidad bastante ambiciosa capaz de lograr casi todo lo que se proponga en esta vida. Alma curandera.

Salud
Buena porque sabe aplicarse los remedios y las prevenciones para que todo funcione como un reloj y los intestinos delgado y grueso no le jueguen malas pasadas. Curando a los demás se aprende a curarse a uno mismo. Adelante.

Dinero
No siempre en la cúspide, porque habrá momentos de verdadero apuro en los que necesite ayuda o préstamos. Algunas de sus empresas no llegarán siempre a buen puerto. Sin embargo, su capacidad creativa le abrirá las puertas al dinero.

Amor

Puede haber más de una relación amorosa con el signo Virgo, porque hay atracción y mutuo entendimiento al principio, el problema es que crecen de manera desigual y Virgo carece de las ambiciones que mueven a Capricornio. Disfrute el momento y no se case con enfermos sin hacerles un buen seguro.

Capricornio ascendente Libra, décima emanación del alma original de Capricornio, de las 0 horas a las 2 de la madrugada, es el Rayo de Poder Naranja Azulado.

Personalidad

Buena racionalidad matemática, capacidad para hacer cálculos y crear ingenios, y de saber cómo y cuándo caer cuando las cosas no salen a pedir de boca. Momentos de ira y angustia que acabarán en nada. Piensa positivamente.

Salud

A pesar de algunas deficiencias lumbares y renales, su organismo tendrá cualidades atléticas y de competencia, pues es capaz de sobreponerse a casi todo mal y enfermedad, pero no lo fuerce demasiado.

Dinero

Todo lo que esté relacionado con la industria y la ingeniería será fuente de dinero, premios y reconocimientos, incluso si se tiene relación con el mundo del cine y de la fotografía. Arte y ciencia en un mismo paquete.

Amor

Amores más o menos balanceados, es decir, con tendencia al equilibrio y la armonía, tanto para los negocios como para la formación de una familia duradera y estable. Del amor de pareja también puede nacer el entendimiento amistoso.

Capricornio ascendente Escorpio, undécima emanación del alma original de Capricornio, de las 2 a las 4 de la madrugada, es el Rayo de Poder Bronce Iridiscente.

Personalidad

Curiosa, entre melodramática y simpática, reír llorando o llorar de pura risa. Con buenas capacidades para el Yoga o la gimnasia, así como para la medicina alternativa, o la oficial, y un poco para la magia o la brujería.

Salud

Hay que tenerle respeto al mar, las aguas profundas y los ríos caudalosos (así como de masticar bien la comida), porque hay peligro de ahogo. Cuidado también con los alimentos en mal estado, porque hay peligro de intoxicación o envenenamiento.

Dinero

Nada de lo que hay en este mundo nos pertenece, sobre todo las casas, los coches y todo aquello que nos trascienda porque vive más que nosotros, así que no te empeñes en atesorar y en poseer, total, el dinero es solo dinero.

Amor

No siempre se acierta en las elecciones que hacemos con el amor y la pareja, por lo que no debemos empeñarnos en lo que no funciona. La gente en realidad no cambia, solo mejora un poco o empeora más de la cuenta. Amores extraños.

Capricornio ascendente Sagitario, duodécima emanación del alma original de Capricornio, de las 4 a las 6 de la mañana, es el Rayo de Poder Rojo Naranja Intenso.

Personalidad

Competir contra uno mismo tiene la ventaja del aprendizaje, cuando ganas, pero también de la necedad cuando pierdes. Aprende a reconocer tus propios errores ante ti y ante los demás, y habrás logrado el triunfo.

Salud

Longeva de todas las maneras, así que es mejor cuidarse desde muy joven para llegar a la senectud en el mejor estado físico, psíquico y mental posible. Caderas y rodillas son los puntos más débiles.

Dinero

Tienes todas las posibilidades de estar en la cumbre gracias a tu creatividad y a los derechos de autor que consigas sobre tu obra. Casi nunca te faltará nada, pero la pereza y las eternas vacaciones son malas consejeras. Continúa.

Amor

El amor no te desvela, es más, de vez en cuando te pesa, sobre todo si has usado ardides y trampas para conseguirlo. Por otra parte, a lo largo de tu vida es muy posible que cambies de registro amoroso e identitario, y que vuelvas a donde has salido. En este mundo nada es fijo ni para siempre.

Activación

El Rayo de Poder Naranja se activa manteniendo siempre una nueva meta de ascenso en cualquier plano de la vida, pero sobre todo en el plano espiritual.

No te detengas nunca, respira hondo y descansa si lo necesitas, pero no te detengas porque los Rayos de Poder no se detienen nunca.

Disfruta de los triunfos tanto como de las derrotas,

porque en ambos casos son lecciones de experiencia y aprendizaje.

Activa sin temor tu Rayo de Poder de manera consciente, aunque ya se manifieste de manera natural, y lograrás todas tus metas.

XII
El Rayo de Poder
de Acuario
(20 de enero al 18 de febrero)

A veces no todo está
en la mente
ni en corazón
ni en el alma,
sino en la cruda realidad
de la vida diaria.

El Tornasolado Rayo de Poder de Acuario que fluye como un relámpago Gris Metálico, abre los caminos de la mente, los sentidos y el cerebro de los seres humanos en el principio de los tiempos, como un regalo de los Titanes que pretenden ayudar al ser humano ante el enfado de Zeus.

El Fuego de la consciencia, la dádiva metafórica de Prometeo a los animales humanos, se mantiene viva, a pesar de ser y estar muy poco usada, entre la gente de Acuario, a la que el buitre de la ignorancia le come las entrañas todos los días, porque ante el don de la inteligencia, Zeus expandió el mal de la estulticia y la necedad de las masas.

Lo peor es que de nada sirve desesperarse ante el absurdo del comportamiento de los hombres y las mujeres, como de nada sirve tener la razón, o creer tener la razón, porque más a menudo de lo que parece, la estulticia se filtra hasta en los celebros más elevados y en las almas más diáfanas, donde la razón no es más que un acuerdo arbitrario entre la estupidez y la ignorancia, un repetir tantas veces las mismas cosas, que ya no se distingue la verdad del absurdo y la mentira, y el empalagoso amor que proponen los filósofos, como Camus y otros autores más seguidos pero menos considerados, de certeza racional y emancipación no tiene absolutamente nada.

Acuario, el único ser humano del zodiaco tras de Virgo, lo sabe, pero no puede hacer nada para remediarlo ni hoy, ni ayer ni mañana, porque la humanidad está contenta de vivir en la ausencia de verdadera inteligencia, cómoda de no tener que pensar más allá de lo que se le enseña, y sumisa ante cualquiera que gobierne y mande.

La mujer Acuario, sobre todo la del primer decanato, lo sabe y es consciente, por eso rehúye del contacto humano; la del segundo decanato es una sargento y en muchas ocasiones y a su modo, revolucionaria; y la del tercer decanato prefiere hacer la revolución en ella misma y en un círculo muy cercano.

El hombre Acuario no es tan lúcido como la mujer del mismo signo, pero sí es inteligente y a veces hasta sabio: el del primer decanato lee mucho, pero no sabe cómo ni cuándo utilizarlo; el del segundo lee menos, pero es más práctico; y el del tercero parece nacer sabiendo, a pesar de que puede ser más rústico que un arado antiguo. De lo intelectual refinado a lo primitivo, así es el Aguador, representante de lo que significa ser humano, tanto para lo bueno como para lo malo.

Siendo así, cada ascendente de Acuario emana un Rayo de Poder determinado que se instala en el alma desde el nacimiento hasta la muerte, y que se expresa y activa de manera espontánea.

EMANACIONES EXISTENCIALES
DEL ALMA ORIGINAL DE ACUARIO

Acuario ascendente Acuario, primera emanación del alma original de Acuario, de las 6 a los 8 de la mañana, es el Rayo de Poder Gris metálico.

Personalidad

A menudo el leer y la inteligencia están sobrevalorados porque en cierta forma no sirven para nada práctico ni dan de comer, sin embargo, si dan crédito y algo de reconocimiento social, como puede ser tu caso.

Salud

Normal, con achaques a medida que pasen los años y tengas que tomar unas cuantas pastillas al día para sentirte más o menos bien. Envejecimiento acelerado, aunque por fuera parezcas una persona sana.

Dinero

De una o de otra manera la comodidad llegará a tu vida, ya sea por una herencia o por la ayuda y protección de la pareja o de la familia. Profesionalmente todo será gris a pesar de tu inteligencia, pero la suerte no te dejará de lado.

Amor

A pesar de tu apatía para casi todas las cosas de la vida, en el amor habrá algo de sensibilidad y cobertura, cariño y hasta verdadera devoción hacia tu persona. Aguanta y agradece la estabilidad, o lucha. Tú mandas.

Acuario ascendente Piscis, segunda emanación del alma original de Acuario, de las 8 a las 10 de la mañana, es el Rayo de Poder Tornasolado Acuoso.

Personalidad

Como la de un delfín, que cae simpático o da mucho miedo, activo y jacarandoso, además de ser obviamente muy inteligente, pero sin la capacidad de transmitir sus conocimientos porque casi nadie entiende su agudo sentido del humor

Salud

Con algunos problemas de piel, las palmas de las manos, las plantas de los pies, la extensibilidad de las ancas y las rodillas, y algunas deficiencias en la vista o en los lagrimales, pero nada que le impida funcionar normalmente.

Dinero
Puede ganarse la vida perfectamente como comediante, y hasta dar la campanada y ganar mucho dinero un par de temporadas. La academia y la enseñanza, sobre todo en cuestiones relacionadas con el mar, o la guerra, no le serán extrañas.

Amor
Algo es algo, y el amor puede brotar en cualquier parte, incluso en los corazones socarrones de las personas Acuario ascendente Piscis, porque son mucho más sensibles de lo que parece, y se enamoran en silencio frecuentemente.

Acuario ascendente Aries, tercera emanación del alma original de Acuario, de las 10 de la mañana a las 12 del mediodía, es el Rayo de Poder Rojo Tornasolado.

Personalidad
Activa y luchadora, con ganas de hacer y crear, apasionada y hasta explosiva, algo seca en las relaciones, pero profundamente emotiva sin dejar de lado lo práctico y lo que funciona. Mente aguda.

Salud
Bastante buena, sin los achaques que suelen acompañar a acuario, incluso atlética y deportiva que no se frena ante cualquier contratiempo. Mucha fuerza en las piernas. Algunas infecciones e inflamaciones inoportunas.

Dinero
Los tropiezos servirán de acicate para hacer las cosas

cada vez mejor. Crecimiento económico independiente y hasta algo novedoso o excéntrico. Buena capacidad para crear estrategias de triunfo.

Amor

Directo, a veces demasiado directo, pero a la vez harto desconfiado, por lo que la pareja elegida a menudo será una extensión de la propia personalidad, o sumisa y sin demasiadas complicaciones. Amores raros, disparejos o excéntricos.

Acuario ascendente Tauro, cuarta emanación del alma original de Acuario, de las 12 del mediodía a las 2 de la tarde, es el Rayo de Poder Índigo.

Personalidad

Austera, algo insegura ante el público, bohemia, filosófica, ordenada a pesar de los excesos, constante y hasta artística, con la música en las venas. Todo un compendio de dones y habilidades, a las que a veces no se les da cauce.

Salud

Fuerte de entrada, pero poco resistente ante los problemas de cuello y espalda, la tendencia a los excesos en el beber o el fumar, y el desánimo que a veces ataca a las funciones de la tiroides. Necesidad de cuidarse un poco más.

Dinero

Sin llegar a las exageraciones millonarias, la suerte y la propia capacidad le darán una buena economía a lo largo de la vida, donde se empleará en toda clase de oficios y profesiones, desde comerciante hasta camarero o catedrático.

Amor

No se puede decir que su capacidad de elección de pareja sea muy buena, ya que se deja llevar por la ceguera y no atiende a avisos ni consejos ajenos. La fidelidad no será su punto fuerte, ni para darla ni para recibirla. Todo lo cura el tiempo.

Acuario ascendente Géminis, quinta emanación del alma original de Acuario, de las 2 a las 4 de la tarde, es el Rayo de Color Amarillo Plateado.

Personalidad

Brillante en muchos sentidos, aunque algo exigente y hasta tosca con los demás, pero aguda e inteligente. Poco práctica en general, pero sin dejar de lado la seguridad y la funcionalidad, cubriendo lo necesario y lo suficiente.

Salud

Tiene un poco de mala suerte, ya que su salud es propensa a pequeños accidentes, con un metabolismo algo alocado, que tan pronto le tiene en lo mejor de la salud, como de pronto le engorda y le baja el ánimo. Problemas respiratorios.

Dinero

Casi nunca se quedará sin nada, ya que la suerte y las oportunidades aparecerán en el último momento para salvarle y sacarle las castañas del fuego. Con el tiempo, tendencia a la seguridad y al empleo fijo, con la hostelería y el turismo de frente.

Amor

Algo raro e intermitente, aunque con una clara tendencia a formar hogar y tener descendencia, ya que las exigencias de un principio pueden irse transformando en aceptación y seguridad. Posibilidades de matrimonio con Géminis.

Acuario ascendente Cáncer, sexta emanación del alma original de Acuario, de las 4 a las 6 de la tarde, es el Rayo de Poder Lila, Blanco o Plateado.

Personalidad

Rara combinación que da un carácter tan emotivo como reservado, que siempre se está haciendo preguntas y cuestionando la maldad o los errores, tanto personales, como del mundo entero, creyendo que todo está mal. Filosofía de las emociones.

Salud

Tan débil en muchos aspectos, como resistente ante las enfermedades más serias o crónicas, que necesitarán de un cuidado constante y de varios tratamientos y visitas al médico. El cuerpo se puede acostumbrar a sufrir y seguir viviendo.

Dinero

Muy buena capacidad de ahorro y prevención, con clara tendencia a mantener el mismo empleo o profesión desde muy temprano hasta la jubilación. Sus dones mágicos y esotéricos serán para practicarlos en casa.

Amor

Maternal o paternal, y de servicio, siempre con la amenaza de perderlo todo y de sufrir la soledad y el abandono, a pesar de que la pareja sea fiel y estable. Un viejo amor del pasado le robará el sueño muchas noches.

Despierte.

Acuario ascendente Leo, séptima emanación del alma original de Acuario, de las 6 de la tarde a las 8 de la noche, es el Rayo de Poder Plateado y Dorado.

Personalidad

Contradictorio, paradójico e incongruente en muchos

aspectos, pues le puede doler el triunfo y satisfacer la derrota, o tener ganas de ser indigente o monje habiendo nacido millonario. Tan brillante como descarnado.

Salud

No demasiado buena, y con unos cuantos defectos, donde la espalda, la columna, las articulaciones y el corazón serán constantes molestias y amenazas, tanto, que puede terminar casándose con su terapeuta.

Dinero

Aunque parezca descabellado, su sentido del humor, bastante negro, puede darle trabajo o empleo bien remunerado en todo lo referente a la salud, los medicamentos, las funerarias y los seguros. Tendencia a la buena vida mientras se pueda y pague la empresa.

Amor

Unos cuantos amores tocarán a las puertas de su corazón, y hasta es posible que se case un par de veces con una persona del signo Leo, y que la amistad se convierta en amor con la gente que frecuenta o que le atiende. Buena suerte.

Acuario ascendente Virgo, octava emanación del alma original de Acuario, de las 8 a las 10 de la noche, es el Rayo de Poder de Bronce.

Personalidad

Para entenderse y no entenderse, casi entre el amor y el odio a su propia persona, pues su manera de pensar humanitaria e inteligente, a menudo chocará con el sentido práctico e irónico de su ascendente. Armonice sus criterios.

Salud

Más o menos buena durante larga parte de su vida, pero con tendencia a todo tipo de males y achaques a partir de los sesenta, desde la próstata al corazón, y desde los problemas de salud mental hasta el anquilosamiento de extremidades.

Dinero

Cómodo en cierta manera, aunque para llegar a dicha comodidad haya tenido que pasar por diversos obstáculos, algo de pobreza y malas elecciones. Las herencias ayudarán, tanto como el esfuerzo y la tenacidad de la pareja. Ayudará a los demás.

Amor

También algo cómodo después de haber tropezado con dos o tres piedras en el escabroso terreno sentimental, pues la última pareja será la definitiva, con algunos tropiezos, pero con tendencia a la comodidad. Siga soñando.

Acuario ascendente Libra, novena emanación del alma original de Acuario, de las 10 de la noche a las 0 horas, es el Rayo de Poder Azul Marino Iridiscente.

Personalidad

La estética y la belleza serán parte de su personalidad y carácter, tanto si las posee físicamente, como si las crea a través del arte, la profesión o hasta la industria, porque eso sí, será una persona muy industriosa.

Salud

Buena en general y hasta con algunas dotes de agilidad, velocidad y presteza, que se enferma muy pocas veces a pesar de tener cierta debilidad en las vías urinarias, los ovarios, los testículos o los riñones. Posible formación de cálculos o piedras.

Dinero

Todo lo que esté relacionado con la arquitectura, la construcción, la industria y hasta las ventas al por mayor, le dará pingües ganancias; mientras que todo lo marginal, criminal o fraudulento, pueden convertirse en su ruina total. Sea honesto.

Amor

Las experiencias de la vida tendrían que ser suficientes para que usted aprendiera a distinguir entre el amor y la sumisión, propia o ajena, pero la verdad es que no aprende y echa a perder sus relaciones. Los amores pasados hay que matarlos.

Acuario ascendente Escorpio, décima emanación del alma original de Acuario, de las 0 horas a las 2 de la madrugada, es el Rayo de Poder Naranja Intenso.

Personalidad

La típica personalidad de la persona Acuario investigadora, espía, héroe, viajera o aventurera, con gusto por el riesgo, la arqueología, la antropología, la historia, los tesoros y los descubrimientos, incluso si no sale de su pueblo.

Salud

Con los típicos riesgos de una personalidad como la suya, pero baste buena, fuerte y resistente a todo tipo de males y enfermedades, desde las más simples hasta las más complicadas. Peligro de accidentes y de envenenamiento. Cuídese.

Dinero

El suficiente para hacer lo que desea, ya que patrocinios no le van a faltar para sus locuras y excavaciones, ni para subvencionarle como informante, consejero o espía, además de tener muy buena mano con las nuevas tecnologías.

Amor

De todo un poco, desde amores místicos, prohibidos

y secretos, hasta amores frescos e ingenuos como la primavera, donde la complicidad, la amistad y el apoyo mutuo los harán intensos, pero a menudo poco duraderos.

Libérese y goce.

Acuario ascendente Sagitario, undécima emanación del alma original de Acuario, de las 2 a las 4 de la madrugada, es el Rayo de Poder Naranja Tornasolado.

Personalidad

Con muchas luchas internas y a menudo sin poder ponerse de acuerdo con usted mismo, aunque en el fondo sepa perfectamente lo que le gusta y lo que no le gusta, en lo que cree y ve racional, y en lo que no cree y ve absurdo.

Salud

Bastante fuerte y resistente, con algunos defectos de fábrica o de nacimiento que irá superando a medida que se desarrolle, cumpla años y crezca. Piense positivamente y saque la fuerza de voluntad que lleva dentro.

Dinero

No debería tener quejas en este renglón de la vida, pero las tiene, porque las cosas no siempre funcionan como usted desea, ya que controlarlo todo es imposible por muy dueño o director que sea. El estado proveerá, pero no solucionará.

Amor

En pleno trance e indecisión, con apariencia de hostilidad, frialdad y desconfianza, cayendo en el maltrato como pésima estrategia de seducción, y eligiendo a la pareja más loca e inestable, pudiendo haber elegido algo mejor. Todo pasa.

Acuario ascendente Capricornio, duodécima emanación del alma original de Acuario, de las 4 a las 6 de la mañana, es el Rayo de Poder Naranja Tornasol.

Personalidad

Buena capacidad de elocuencia y seducción, carisma, carácter tradicional; buen y hasta magnífico consejero de los demás, algo atildado en las relaciones familiares, y con un alma buena que adopta a los más desvalidos. Luego llega el frío.

Salud

Harto longeva, pero no exenta de unos cuantos males y enfermedades, que no le matarán de golpe, como a veces dice que desea, pero que le acompañarán en el último tercio de su vida. Piernas, cadera y columna, serán las más molestas.

Dinero

Podrá acaudalarse con terrenos y casas, o con buenas inversiones, que posiblemente va a disfrutar el último de sus hijos, porque a los primeros casi no les va a tocar nada. Procure disfrutar algo de lo conseguido antes de heredarlo.

Amor

No le queda ser amoroso y parecer persona sensible, pero socialmente es lo que exige el comportamiento de pareja, la cual puede ser una verdadera carga casi insoportable, como una bendición para la vejez. El amor, sobre todo el de pareja, no es lo que le dijeron en las novelas o en su niñez.

Activación

El Rayo de Poder Gris Metálico, o Tornasolado, de Acuario se activa pensando, usando la razón y ejerciendo la visión clara, superando los lazos emocionales y despertando a la lucidez de la verdadera consciencia.

Aprenda a respirar conscientemente, y podrá activar su Rayo de Poder a través del tercer ojo cuando quiera y desee.

La verdadera humanidad comienza en Acuario y se apoya en Virgo, todo lo demás son avatares, animales o cosas que se pueden usar y experimentar para el crecimiento del alma y manifestación del espíritu.

Active su Rayo de Poder y vuele hasta dónde le apetezca llegar.

XIII
EL RAYO DE PODER
DE PISCIS
(19 DE FEBRERO Y EL 20 DE MARZO)

Los últimos
serán siempre
los primeros,
porque todo,
absolutamente todo,
es un ciclo eterno.

Piscis, signo mutable y doble, donde dos peces atados por el mismo cordón de energía, por el Mismo Rayo de Poder, van en sentido contrario, tirando el uno del otro sin poder avanzar, o avanzando de forma vibratoria, porque nada permanece quieto en el universo.

Piscis es el último, pero hay quien dice que es más que el primero, el que estaba antes de que la humanidad animal saliera de las aguas y pusiera los pies en tierra para bailar la danza de la vida y de la existencia.

Hay teorías científicas que hablan de una humanidad sumergida en el agua durante largo tiempo, por lo que en las manos y en los pies nos quedan vestigios de aletas, además de la capacidad de nadar, de flotar, de bucear y hasta de vivir en un ambiente acuoso que se supone que no es nuestro, según otros científicos, porque somos animales del todo terrestres.

¿Mamíferos en el agua como las ballenas y los delfines?

¿Mutantes? Lo que explicaría buena parte de nuestros orígenes y de nuestra rápida evolución (comparada con la evolución de otros animales).

¿Implantados y modificados genéticamente por esos extraterrestres a los que llamamos dioses?

O anfibios, Piscis, que desarrollaron brazos y piernas

de las antiguas aletas para salir del mar o del lago y emprender la aventura de vivir en tierra.

Las mujeres Piscis del primer decanato bien podrían ser ondinas, o sirenas, por su gracilidad; las del segundo decanato anfibios sufridores que se acomodan a todo tipo de situaciones; y las del tercer decanato verdaderas generalas de las más abigarradas tropas; pero todas danzarinas, pianistas o coreógrafas.

Los hombres Piscis del primer decanato podrían ser tritones, vigilantes de la playa; los el segundo decanato marineros de agua dulce, sensibles y sin mancha; y los del tercer decanato verdaderos piratas, tiburones del asfalto.

Piscis, signo voluble donde los haya, puede serlo y tenerlo todo, o no tener absolutamente nada, pues no le hace falta.

Como la posición del Sol es la primera Luz de nuestro nacimiento, cada ascendente de Piscis emana un Rayo de Poder determinado que se instala en el alma desde el nacimiento hasta la muerte, y que se expresa y activa de manera espontánea.

EMANACIONES EXISTENCIALES DEL ALMA ORIGINAL DE PISCIS

Piscis ascendente Piscis, primera emanación del alma original de Piscis, de las 6 a los 8 de la mañana, es el Rayo de Poder Rosa.

Personalidad

Trascendental, mítica, mística y hasta mesiánica, que tanto puede marcar toda una era, como ser cliente habitual de los hospitales psiquiátricos, tanto porque da miedo seguirle, como porque a menudo nadie le entiende nada.

Iluminación.

Salud
Sana, fresca y lozana, casi infantil, con voz muy discreta, aguda y cantarina, y con una libido muy viva, y las hormonas a punto de estallar, y con una vocación y facilidad para la medicina, que nadie esperaba.

Dinero
Normalmente bien o suficiente para tener su propio taller, escuela, despacho o consultorio, además de uno que otro empleo estable, porque tendrá apoyos y la virtud de acomodarse a cualquier situación, profesión o empleo.

Amor
Para todas las personas de Piscis, hombres y mujeres, o supuestas nuevas identidades, el amor siempre será un drama, una novela romántica o una tragedia anunciada, porque llevan en el cuerpo y en alma una pasión desaforada.

Piscis ascendente Aries, segunda emanación del alma original de Piscis, de las 8 a las 10 de la mañana, es el Rayo de Poder Rosa Encarnado.

Personalidad
Activa y desenfada, sensual y apasionada, pero bastante libre porque el interés le moverá más que las entrañas. A veces dudará y no sabrá bien lo que hace, pero cuando por fin tome una decisión, nada le detendrá.

Salud
La mala circulación le puede dar muchos problemas de pies, con el empeine y el talón de Aquiles harte débiles. Busque la manera de mejorar su circulación sanguínea. Posibles lesiones a causa de la danza o del deporte.

Dinero

Si sabe cómo hacerlo o cómo conseguirlo, nunca le faltará; pero si no aprende desde temprana edad a conseguirlo, pasará algunos años casi en bancarrota. Las flores y el campo, o el mar y la pesca, pueden ayudarle bastante.
Disciplina.

Amor

Algunas veces será un amor del todo cómodo y sin muchas obligaciones por su parte, o francamente práctico e interesado, dejando las puertas abiertas por si sale un partido mejor. Capacidad de seducción de cualquier manera.

Piscis ascendente Tauro, tercera emanación del alma original de Piscis, de las 10 de la mañana a las 12 del mediodía, es el Rayo de Poder Rosa Azulado pastel.

Personalidad

Cada vez falta menos para llegar al final, así que no se adelante ni descanse más de lo necesario en esta vida, porque todo pasa y al final nada queda. Tiene mucha razón en las críticas que le hace al mundo y a las personas, pero no hay más.

Salud

Fuerte, y hasta se podría decir que cachazuda, con cierta tendencia a la obesidad y a problemas nerviosos como la ansiedad, el estrés y la depresión, tanto por la presión social, como porque sus glándulas endocrinas no producen lo necesario.

Dinero

Más o menos potable, porque la ayuda materna o fraternal no le faltará nunca, por lo que el dinero no será el verdadero problema de su vida, sino la forma de entenderlo. Si el mundo no le satisface, pruebe con la soledad de la ermita.

Amor

Bien mientras se sienta una persona amada y protegida, con todo normal y a la mano, sin problemas y sin conflictos, listo para todas sus necesidades y exigencias, porque al menor contratiempo puede venirse abajo.
Fragilidad emocional.

Piscis ascendente Géminis, cuarta emanación del alma original de Piscis, de las 12 del mediodía a las 2 de la tarde, es el Rayo de Poder Rosa amarillento.

Personalidad

Doblemente voluble, y con una curiosa capacidad para hacer promesas que no puede o que no quiere cumplir, por lo que la gente a su alrededor puede sentirse engañada o estafada, incluso si usted no ha tenido mala intención.

Salud

Cambiante, a veces muy buena, tanto que parece que se va a comer el mundo, y otras veces muy débil, y entonces es el mundo quien se lo come. Deficiencias leves que puede magnificar, pero que son reales, y algo de obsesión por su físico.

Dinero

Sin grandes alegrías, porque no se aclara con lo que quiere hacer en esta vida, pero con una amplia cobertura familiar que le permitirá contar siempre con techo, vestido y comida. Los trabajos cómodos y sin obligaciones son sus preferidos.

Amor

Difíciles, sobre todo por su tendencia natural a no cumplir con lo ofrecido, lo que le hará ser más un ex sometido, que una buena pareja. Procure no repetir errores ni esquemas, y libérese de los consejos maternales, porque en el amor no funcionan.

Piscis ascendente Cáncer, quinta emanación del alma original de Piscis, de las 2 a las 4 de la tarde, es el Rayo de Color Rosa Morado, Rosa Pastel.

Personalidad

Seguimos en el camino de la volubilidad, aunque en esta combinación no suele haber falsas promesas, sino cambios de humor y de emociones con demasiada facilidad. Intente centrarse cada vez en un solo objetivo.

Salud

Buenas capacidades físicas de fortaleza, agilidad, habilidad y resistencia, pero algo de debilidad psíquica o emocional para llevar a buen puerto su salud. Procure alejarse de las drogas para mejorar el rendimiento, busque lo natural.

Dinero

No se descartan triunfos y premios, que le pueden solucionar la vida a nivel económico, pero para ello debe fortalecerse psíquica y emocionalmente. De cualquier manera siempre podrá optar por algo fijo y duradero.

Amor

El amor a veces eleva, pero otras veces hunde. Por tanto, busque el amor y la pareja que le estimule a crecer, y deseche a las personas poco ambiciosas o que envidien sus triunfos. Los buenos sentimientos no son siempre suficientes.

Piscis ascendente Leo, sexta emanación del alma original de Piscis, de las 4 a las 6 de la tarde, es el Rayo de Poder Rosa Dorado.

Personalidad

Se acaba la volubilidad, pero empieza la vanidad y el ego, que puede funcionarle en muchas situaciones y aspectos para salir adelante, pero que otras veces puede convertirse más en un contratiempo. Buena capacidad de aprendizaje.

Salud

Aunque parezca un tópico, su salud mejorará mientras más cure y ayude a los demás, tanto en la medicina como en el trabajo social. Su corazón no es el más fuerte del mundo, pero funciona mejor si usted se siente útil.

Dinero

Buena capacidad de servicio y de atención al cliente, también para la medicina, el trabajo social, la hostelería y el transporte, por lo que siempre encontrará la manera de sentirse una persona útil y productiva. Fatal si hay pereza o negligencia.

Amor

Puede encontrar más o menos lo que desea, pues hay muchas personas que se le parecen y se identifican con usted y con su forma de ser, aunque sea más por la apariencia que por lo que hay en el interior. Amor superficial, pero duradero.

Piscis ascendente Virgo, séptima emanación del alma original de Piscis, de las 6 de la tarde a las 8 de la noche, es el Rayo de Poder Verde marino.

Personalidad

Artística, musical, poética, creativa, apasionada y hasta alocada, capaz de lanzarse a cualquier aventura sin medir las consecuencias; y a la vez muy hogareña, práctica y casamentera, lo mismo que celosa y romántica.

Salud

Puede ser del todo estable y longeva, con muy pocas afecciones, males, dolencias o enfermedades físicas, aunque sí debe cuidar los males y dolencias del alma, mentales, psíquicos o emocionales. Hepatitis en la infancia y los celos como enfermedad crónica.

Dinero

Aunque sabe depender de un salario, también puede ser una persona de negocios e independiente, o mezclar ambas tendencias para mejorar su economía. Desde muy joven aprenderá a valerse económicamente.

Amor

Hay gente que prefiere ser la otra o el otro, e interferir por "amor" en la vida sentimental de otros, aunque al final puede acabar casándose con la peor de las elecciones. Virgo será su gran amor y su peor dolor de cabeza. Muchos celos.

Piscis ascendente Libra, octava emanación del alma original de Piscis, de las 8 a las 10 de la noche, es el Rayo de Poder de Rosa Azulado.

Personalidad

Todo puede quedar muy cerca o muy lejos, parecer que ya o que está a la vuelta de la esquina, o que es demasiado tarde para empezar y que es inalcanzable, por lo que a veces deslumbra con su ánimo, y otras opaca con su pesimismo.

Salud

Problemas de hidratación y cierta tendencia a la bulimia y a la anorexia, así como a la mala alimentación y a la anemia. Los riñones y los órganos reproductores también pueden fallarle de vez en cuando. Necesidad de atención y tratamiento.

Dinero
Curiosamente, en el terreno laboral es una persona eficiente y ordenada, que sabe obedecer y mandar, así como tomar las decisiones pertinentes de su ramo profesional. Por tanto, dinero bueno y estable, aunque se dedique a las limosnas.

Amor
Más que una pasión, un deseo, un drama, un enamoramiento o una excitación, el amor puede ser una necesidad de su alma para mantenerle en el buen camino y alejar las dudas y la depresión. Por desgracia, el amor no da garantías a nadie.

Piscis ascendente Escorpio, novena emanación del alma original de Piscis, de las 10 de la noche a las 0 horas, es el Rayo de Poder Marrón rosado.

Personalidad
Muy sensible por dentro, pero muy dura por fuera; con grandes dotes artísticas y esotéricas, pero a la vez muchos miedos y fantasmas; más tendiente a los sufrimientos que a los goces, queriendo ganar el cielo con la espada.

Salud
Tendiente a los accidentes en el aire y en el agua, a los actos violentos y a las enfermedades dramáticas, por lo que debe cuidarse el doble o el triple que cualquier otra persona. No olvide que la felicidad y la armonía sanan.

Dinero
Lo suficiente si apuesta por ser una persona empleada, pero en franco ascenso si se dedica a profesiones peligrosas. Por otra parte, el arte, la música, la brujería y la danza no le serán nada extrañas y le permitirán ganar un buen dinero.

Amor

Tremendo y muy sexual en casi todos los casos, incluso en los de la vejez, con los celos y el síndrome de la dependencia y la posesión asegurados. Puede esforzarse en dominar sus pasiones, pero le ganarán la partida casi siempre.
Reactivo.

Piscis ascendente Sagitario, décima emanación del alma original de Piscis, de las 0 horas a las 2 de la madrugada, es el Rayo de Poder Rojo Pálido.

Personalidad

De cura o de monja, incluso si no se dedica a la religión para nada, haciendo proselitismo para que la gente crea en alguien o en algo, con el gambito de salvar el alma o algo muy preciado. Predicar es lo suyo, aunque pocos le hagan caso.

Salud

Con la herida abierta en el costado siempre, es decir, con una enfermedad crónica ósea o muscular que puede postrarle de vez en cuando, con el agravante que ni las creencias ni los milagros podrán curarle. El médico es necesario.

Dinero

No está nada mal, porque puede rentabilizar muchas de sus creencias, ya sea como pastor o como abogado, pues de verdad cree en lo que hace aunque esté equivocado. También es un comerciante paciente y un buen artesano.

Amor

A pesar de que tiene alma de migrante y que posiblemente abandonará su país de origen, hay una fuerte tendencia a emparejarse con gente de su misma latitud.

Por supuesto, los dramas y las tragedias aparecerán de vez en cuando.

Piscis ascendente Capricornio, undécima emanación del alma original de Piscis, de las 2 a las 4 de la madrugada, es el Rayo de Poder Gris Metálico.

Personalidad

Hay personas Piscis ambiciosas y materialistas, capaces de convertir en oro o en triunfo todo lo que tocan, y que son muy afectas a estar en la parte alta o de élite de la sociedad, algo caprichosas y brutas o atildadas. Usted es una de ellas.

Salud

Problemas de obesidad por excesos en las comidas y las bebidas, o por problemas glandulares que acarreará desde la infancia. Además, hay tendencia a los problemas hepáticos y a la descalcificación (osteoporosis) de los huesos. Prevenga.

Dinero

Todo el posible, al menos así lo sentirá interiormente, y es muy posible que consiga lo que desea en este terreno al continuar una saga o al crear una empresa de grandes dimensiones. La fama y la fortuna no le serán extrañas.

Amor

Con el drama hemos topado, las diferencias de edad o de identidad, y los roles o papeles equivocados, pero que se dan y duran muchos años. Tampoco será raro que vaya dejando varios amores en el camino, por considerarlos pobres o bajos.

Piscis ascendente Acuario, duodécima emanación del alma original de Piscis, de las 4 a las 6 de la mañana, es el Rayo de Poder Rosa Grisáceo y metálico.

Personalidad

Sabia, inteligente y mística, creyente, humanitaria y dedicada, por lo que no es nada raro que abrace una religión o que se retire del mundo, demonio y carne para entregarse a una buena y noble causa. Su carácter puede ser desconcertante.

Salud

Tan resistente como sufridora, pues algunos males dolorosos, aunque no mortales, pueden agriarle el carácter y la existencia. Su sensibilidad al dolor puede ser exagerada, y sufrir mientras a otros no parece afectarles la misma dolencia.

Dinero

Poca relación tendrá con los bienes materiales o con el dinero personal, sin embargo, tendrá una gran capacidad para conseguirlo si se trata de solventar un problema y de llevar a cabo una buena causa.

Amor

Con pareja o sin pareja, sus amores serán especiales, diferentes a lo que estamos acostumbrados, más espirituales y universales que sexuales o románticos, porque por amor es capaz de soportar cualquier carga.

Activación

Para activar el Rayo de Poder Rosado de Piscis hay que desarrollar el verdadero altruismo y amar a la humanidad entera, a los mejores y a los peores, sin hipocresías y sin favoritismos; las danzas rituales y los trances sanos y positivos también ayudan a emanar este Rayo de Poder y amor universal.

A veces se cree que es un Rayo poco poderoso, pero en realidad es capaz de mover al universo entero y de cambiar el rumbo de los acontecimientos de forma dramática y para bien, superando incluso los lazos materiales, mentales y emocionales que nos atan a esta Tierra. Muchas son las experiencias y las pruebas que le toca vivir a Piscis, en su sendero de ascenso hacia la vida espiritual.

Pero si es capaz de activar su Rayo de Poder Rosa, lo conseguirá absolutamente todo.

Epílogo:
Las 144
Emanaciones del Poder

Si hay pocos seres
con alma,
que no mienten
y no dañan,
¿cuántos somos
en realidad?
JAY TATSAY

Existe una curiosa cosmovisión del origen de la humanidad que dice que en realidad solo hay 12 almas manifestadas y puras, ni una más y ni una menos, y que esas almas originales se corresponden con los conjuntos de estrellas que vemos en el firmamento, o signos del zodiaco, a los que en Occidente llamamos Aries, Tauro, Géminis, Cáncer, Leo, Virgo, Libra, Escorpio, Sagitario, Capricornio, Acuario y Piscis. Una sola alma original para cada signo, ni una más.

De esas doce almas nace el resto de la humanidad de todos los tiempos, repitiendo existencia vital ciclo tras ciclo.

Sólo hay doce almas puras, el resto son copias o manifestaciones de las originales.

Cada una de estas almas puras, en un principio y siguiendo la hora solar de nacimiento, se emanaron doce ascendentes para cada una de ellas.

Por ejemplo: Géminis ascendente Géminis, primera emanación del alma original de Géminis ascendente Tauro, segunda emanación del alma original de Géminis, etc., como vimos en los anteriores capítulos, que se emanan a sí mismos en doce ascendentes distintos, dando lugar a nuevas almas que siguen siendo la misma pero en doce diferentes expresiones, hasta contar con 144, un número mágico en diferentes religiones y mitologías, que se ha ido extendiendo, pues de cada nueva emanación, nacen doce emanaciones más, hasta llegar a 144 mil (o 600 mil, según la fuente esotérica) como los verdaderos seres, los elegidos, los originales, y los que perdurarán en el tiempo y en el espacio eternamente, junto con las doce almas originales.

Según el budismo

En las corrientes budistas tibetanas, los lamas son diversas encarnaciones de sí mismos, como si fueran las almas originales y únicas del planeta que emanan otras almas, y que, al morir, en lugar de doce, llegan a ser hasta mil almas en el Áureo Florecer de su muerte física.

Cada lama elevado representa el nacimiento de mil nuevas almas, que son el mismo lama, pero reencarnadas en esta Tierra en distintos cuerpos, y que se reunirán con él como almas puras, una vez que todas alcancen el Nirvana.

De un alma pura nacen mil almas

Ningún alma se pierde, simplemente se reincorpora a la fuente original para seguir su camino de perfección en otra dimensión paralela a la humana, porque a nivel espiritual no hay almas buenas y almas malas, sino solo almas que nacen de otra alma original.

Una sola alma

En la Mitología Hindú hay una sola alma real y verdadera, la del Brahma más elevado, una manifestación única y universal del Eterno Continuo, todo lo demás, incluyendo dioses, devas, animales, plantas, cosas y humanos, son jivas, o chispas de manifestación del Eterno Continuo a través del hálito divino que es Brahma.

Shiva y Visnú no son más que avatares de Brahma.

Kali y Ganesha no son más que avatares de Brahma.

Los animales, las cosas y las plantas no son más que avatares de Brahma.

Todos y cada uno de los seres humanos, desde el que se cree el más sabio y elevado, hasta el más humilde y desgraciado, no son más que avatares de Brahma, que tarde o temprano regresarán a él.

Avatares regresando al alma de Brahma

EN LA CÁBALA

En la Cábala hebrea, cada Árbol de la Vida se desprende de uno anterior, reproduciendo la existencia desde lo más elevado a lo más bajo.

El Primer Árbol de la Vida viene directamente del Infinito y del Eterno Inconmovible, el Macroprosopus, o la Magna Obra.

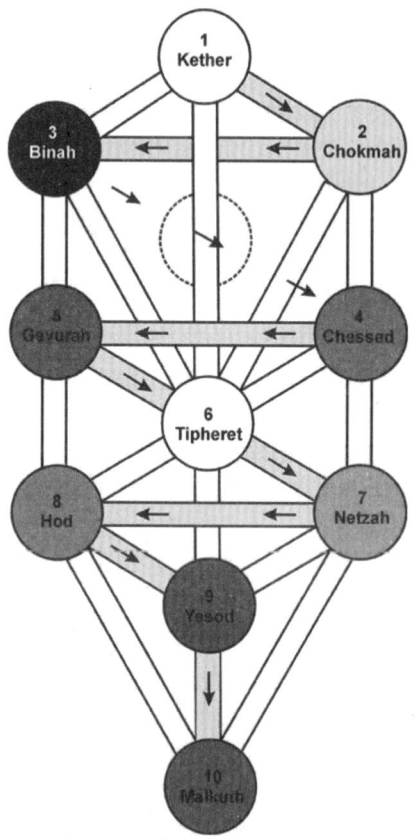

De Kether a Malkuth,
y de Malkuth a Kether

La Corona Kether del Primer Árbol de la Vida es lo más elevado, porque representa la energía fundamental de todos los universos habidos y por haber, y de ella se desprende todo lo que conocemos y lo que no conocemos, y es tan lejana y elevada, que no la entendemos ni la podemos concebir, aunque sabemos que está ahí, eterna e inconmovible, con sus pies, Malkuth, que enlazan con la Kether del Árbol de la Vida inmediatamente inferior.

Esa Corona, la del Segundo Árbol de la Vida, está plagada de ángeles y dioses, seres más o menos cercanos a la humanidad, pero diferentes a nosotros y mucho más elevados, el Microprosopus. Sus conexiones son infinitas, y en ellas se encuentran todos los conocimientos y sabidurías del universo.

La Malkuth del Segundo Árbol, enlaza con la Kether del Tercero, donde se encuentran principalmente los grandes iniciados, profetas, mesías, maestros y sabios que guían a la humanidad lo mejor que pueden.

En el Cuarto Árbol de la Vida la Corona Kether, viene de Malkuth del Tercer Árbol, con la humanidad que conocemos con sus virtudes y sus defectos; desde sus jerarcas más poderosos, hasta las personas más humildes, todos con el afán de ascender, pero con el peligro de descender al Quinto Árbol de la Vida, donde el Malkuth del Cuarto Árbol da lugar al Kether del Quinto.

En del Quinto Árbol de la Vida se encuentra lo peor y más bajo de la humanidad, con los elementales y bajos astrales a su lado, que pecan tanto de torpeza y maldad, como de ignorancia.

El Malkuth más bajo y turbio del Quinto Árbol, desciende sobre el Kether del Sexto Árbol de la Vida, hogar de los demonios, los miedos y los horrores, algo así como el infierno, pero en donde ya no hay humanos, aunque su maldad influye sobre la humanidad, pues en su deseo de ascenso trasminan y pudren las raíces del Quinto Árbol.

El Séptimo Árbol, quizá el último, está tan alejado de nosotros que tampoco somos capaces de concebirlo, de entenderlo y mucho menos de comprenderlo, pero sabemos que está ahí, siempre amenazante y perverso, si bien es cierto que puede unirse o complementarse con el Primer Árbol de la Vida, porque al fin y al cabo todos los multiversos posibles e imposibles son energía en movimiento.

Para algunos autores ese Séptimo Árbol de la Vida ni siquiera existe, pero para otros, con una idea de la Cábala más científica, les parece que podría ser el Árbol Cabalístico de la física cuántica, por ejemplo, donde las reglas de la física que conocemos y aplicamos en este mundo, simplemente no funcionan.

EN LOS RAYOS DE PODER

Todos fuimos energía, verdaderos Rayos de Poder, antes de convertirnos en seres humanos.

El Primer Rayo nace directamente de la Luz Perfecta, Eterna y Continua, con un poder tan creador como devastador, algo primitivo y salvaje, pero activo y con capacidad de decisión y elección, y está instalado en todos y cada uno de los seres, pero se manifiesta más en los signos de Fuego, Aries, Leo y Sagitario.

El Segundo Rayo es más sereno y a menudo frena el poder destructor del Primero, para llevarlo más a la construcción y administración de su poder, que a la destrucción y a la irreflexión salvaje.

Este Rayo está presente en el alma de todos y cada uno de nosotros, pero se manifiesta más palpablemente en los signos de Tierra, Tauro, Virgo y Capricornio.

El Tercer Rayo está presente en la mente y el cerebro de todos y cada uno de nosotros, y es el que nos permite tener consciencia de nosotros mismos y de los demás, el que nos dota de una inteligencia innata que se va cultivando (o echando a perder) tanto con los estudios como con las experiencias vitales, y nos hace gregarios y comunicativos, humanitarios y sociales, a la vez que algo hostiles y presuntuosos.

Sin el Poder de este Rayo no podríamos ni siquiera hablar como hablamos.

Se manifiesta más abiertamente en los signos de Aire, Géminis, Libra y Acuario.

El Cuarto Rayo de Poder vive y se reproduce en el alma emocional de las personas, los animales y las cosas, con sus sentimientos elevados y el hambre de recibir reconocimiento, cariño y amor.

Nadie escapa de su influencia, ni siquiera las personas más frías y racionales, o más sabias y más inteligentes del planeta, pues en él, además de las emociones y los sentimientos, radican los sueños, las ilusiones, los ideales, los misterios, la imaginación, la reproducción, el arte y, en pocas palabras, el milagro de la vida.

Se manifiesta más clara y emotivamente, en los signos de Agua, Cáncer, Escorpio y Piscis, pero nadie carece de sus relampagueos constantes, internos y externos.

El Quinto Rayo es el Rayo del Yo, del Ser, de la Identidad, de la consciencia, de la riqueza y del bienestar, pero también lo es del egoísmo y de la vanidad, del ordeno y mando, de la realeza, el gobierno y la autoridad, de la ambición, la soberbia, el orgullo y la codicia; y de todo lo que puede proyectar e iluminar, o cegar y deslumbrar al ser humano.

Todos tenemos a este Rayo instalado en lo más profundo de nuestro ser, pero se refleja más en los sinos Fijos, Tauro, Leo, Escorpio y Acuario.

El Sexto Rayo de Poder es el que modera, o exagera, nuestros apetitos y deseos, tanto los buenos y nobles, como los obsesivos y descarriados; es decir, es un rayo de doble filo, con una inteligencia y una intuición muy acusadas, pero también con una especie de cruel y abusivo infantilismo, y hasta verdadero desprecio hacia los demás, o complejo de superioridad, donde los que están mal siempre son los otros, nunca uno mismo.

Todos y cada uno de nosotros vibramos con este Rayo y lo expresamos a lo largo de nuestra vida, pero se nota más en los signos Mutables, Géminis, Virgo, Sagitario y Piscis.

Séptimo Rayo, a menudo el más elevado, mágico, científico y espiritual, pero también rudo y hasta salvaje e ignorante de lo académico, pero con una sabiduría interior bestial, está presente en todos y cada uno de nosotros, elevándonos algunas veces, y despeñándonos en otras.

El Séptimo Rayo de Poder está presente en la humanidad desde los primeros tiempos cuando aún no éramos del todo humanos, y por eso que este Rayo es la puerta entrada y de salida de la humanidad hacia la Luz Eterna, una gran puerta, pero que no está exenta de obstáculos y contradicciones.

Como todos los Rayos de Poder, los humanos lo llevamos dentro del ser y el estar en este mundo, pero se manifiesta con mayor fuerza en los signos Radicales, Aries, Cáncer, Libra y Capricornio.

También seremos Rayos de Poder el día en que nos vayamos y regresemos a la fuente del Todo. De momento seguiremos "atrapados" en nuestros respectivos cuerpos, dominados por lo que sentimos e intentando superarnos por lo que pensamos y por lo que sabemos, pero Rayos de Poder al fin y al cabo que no cesan de repetirse vida tras vida y existencia tras existencia.

¿SOMOS SIMPLES REPETICIONES?

En cierta manera, sí, nos repetimos hasta el hartazgo,

algo de lo que la Astrología se dio cuenta hace miles de años.

Nacemos con cualidades y defectos bien determinados por la fecha y hora de nacimiento, y a la vez compartimos cualidades y defectos de los que nos rodean, pero siempre manifestamos más los nuestros incluso cuando no queremos hacerlo.

El hombre Virgo es criticón, quiera o no quiera; y la mujer Escorpio es secretista y enigmática, aunque intente ser espontánea y abierta.

Nuestros mismos genes y biología nos hacen ser más una repetición de miles de generaciones anteriores, que ejemplares originales.

Lo que nos enseñan desde la cuna hasta la senectud, pasando por la escuela y los comportamientos sociales compartidos, se vienen repitiendo desde hace unos doce mil años, tanto y de tal manera, que casi nos salen de manera espontánea.

También las creencias religiosas, místicas y míticas, son más hechos culturales que se repiten incasablemente de generación en generación, que lejanamente reales, verdaderos o racionales, y hay quienes defienden estas repeticiones a muerte, como si de hechos universales y verdaderos se tratara.

Repetimos sabiduría y conocimientos, tanto como repetimos necedad e ignorancia.

Generaciones de esclavos que se repiten miles de años.

Miles de millones de pobres que se repiten hasta el hartazgo.

Generaciones de élites, ricos, gobernantes, eclesiásticos (incluso los célibes a través de sus "sobrinos"), y hasta de empresarios y profesionistas, como médicos y abogados, e incluso de artistas, aunque en el arte las segundas partes casi nunca han sido buenas.

Generaciones hasta de mafiosos, criminales, dictadores, asesinos, policías, soldados o mercenarios, que justifican sus actos o que piensan que hacer lo que hacen, como robar, matar, masacrar y violar, es del todo correcto y no es su culpa que los otros sean ingenuos o débiles, mientras que ellos son poderosos.

Sí, muchas veces los seres humanos no somos más que repetición de repeticiones en todos y cada uno de los planos vitales, ya sea por contexto, genes, signos, rayos, magia, designo divino o lo que sea.

Son muy pocos los que escapan, tanto porque quizá sean esas doce o 144 almas originales, o ese Rayo de Poder Puro, y hasta una cifra que se le escapa a la Cábala y va más allá de demonios, elementales, humanos, ángeles y dioses, y simplemente son y están en este mundo porque han nacido en él, un relámpago que sale de las manos de Zeus y se manifiesta en esta realidad, porque eso es la existencia humana, y nada más.

Somos el Relámpago de Poder
que inicia la tormenta de la existencia, nada más.

Bibliografía

Bayley, Alice, *Tratado sobre los siete rayos*, Sirio, Barcelona, 1988.

De la Cruz, Orus, *Cómo leer el aura*, Editorial Tomo, México, 2004.

Huber, Bruno, *La astrología y los siete rayos*, Ediciones España, Barcelona, 2007.

Schuré, Édouard, *Los grandes iniciados*, Editores Unidos Mexicanos, México, 2021.

Tatsay, Jay, *El libro divino de los chacras*, Plutón, Barcelona, 2018.

Índice